ECON Ratgeber
Lebenshilfe

Paul Hauck

Lieben und geliebt werden

ETB
ECON Taschenbuch Verlag

Im ECON Taschenbuch Verlag sind von Dr. Hauck außerdem erschienen:
Glück im Ehealltag (ETB 20289)
Wer wird denn gleich in die Luft gehen? (ETB 20316)

CIP-Kurztitelaufnahme der Deutschen Bibliothek

Hauck, Paul:
Lieben und geliebt werden / Paul Hauck.
[Aus d. Engl. übers. von M. u. G. Klein].
Dt. Erstausg. – Düsseldorf: ECON Taschenbuch Verlag, 1987.
(ETB 20308; ECON Ratgeber: Lebenshilfe)
Einheitssacht.: How to love and be loved < dt.>
ISBN 3-612-20308-8

Deutsche Erstausgabe

ECON Taschenbuch Verlag GmbH, Düsseldorf
Lizenzausgabe
Juli 1987
© 1983 by The Westminster Press, Philadelphia, Pennsylvania
Titel des englischen Originals:
»How to love and be loved«
Umschlagentwurf: Ludwig Kaiser
Titelfoto: Photo-Design-Studio Gerhard Burock
Aus dem Englischen übersetzt von M. und G. Klein
Satz: Dörlemann-Satz GmbH, Lemförde
Druck und Bindearbeiten: Ebner Ulm
Printed in Germany
ISBN 3-612-20308-8

Inhalt

Vorwort

Möchten Sie jemanden lieben? Und wollen Sie von diesem Menschen auch geliebt werden? Natürlich wünschen Sie sich das. Genau das wollen die meisten Menschen. Warum haben aber dann so viele Leute Schwierigkeiten, miteinander auszukommen? Was kann man unternehmen, um dieses Problem zu lösen? Und wie kann man es erreichen, liebevolle Beziehungen aufzubauen und am Leben zu erhalten?

In diesem Buch werden Sie brauchbare Antworten finden und dadurch vielleicht ein besseres, ausgefüllteres Leben. Sie werden hier etwas über die Theorie der Gegenseitigkeit in der Liebe erfahren, über die Geschäftsgrundlagen von Ehe und Partnerschaft und über die Störfaktoren in der Gemeinsamkeit, die so viel Kummer bereiten. Sie können die 3 Grundregeln erlernen, um Zusammenarbeit, Achtung und Zuneigung zu erreichen, und die 4 Auswege, die in Krisen zur Verfügung stehen. Sie werden vor allem die irreführenden Gedanken und Erwartungen erkennen, die unsere Liebesbeziehungen durcheinanderbringen, die 12 irrationalen Vorstellungen, deren Überwindung möglich und segensreich ist. Sie können sogar drastische Schritte ergreifen lernen, die als letzte Zuflucht nötig sein können, wenn nichts anderes mehr fruchtet.

Aber was am wichtigsten ist – Sie werden lernen, zu lieben und geliebt zu werden.

Im Text ist übrigens der Begriff Partner ebenso geschlechtsneutral verwendet wie Menschen oder Leute.

Das Problem Liebe

Sie ist der am meisten begehrte Zustand auf Erden. Die Menschen sind ihr Leben lang auf der Suche danach und können nur selten genug davon bekommen. Sie ist ein Artikel, auf den alle immer einen unstillbaren Appetit haben. Je mehr sie bekommen, desto mehr wollen sie haben. Sie schafft Gefühle so intensiven Vergnügens, daß man sie nie vergißt, wenn man sie einmal – besonders das erste Mal – erlebt hat. Und gleichzeitig ist sie eine der schmerzhaftesten Erfahrungen. Es gibt Menschen, die sich oder andere deswegen töten. Sie beschäftigt die Gedanken der Massen so intensiv, daß keinem anderen Thema in Musik, Dichtung und Prosa mehr Platz eingeräumt wurde und wird.

Kinder sterben, wenn man sie ihnen vorenthält. Erwachsene werden emotionale Krüppel ohne sie. Sie ist fast übermächtig und dabei so flüchtig. Manchmal zeigt sie unsere allerbesten Seiten, aber manchmal bringt sie auch unsere übelsten Seiten zum Vorschein. Kurz gesagt, es handelt sich um das mißverstandenste Gebiet auf dieser Welt.

Wovon ist die Rede? Von der Liebe natürlich!

Während der vielen Jahre als Psychologe im öffentlichen Dienst und in der Privatpraxis sind mir zahllose Patienten begegnet, die sich mit Schwierigkeiten in ihrem Liebesleben und in ihrer Ehe herumschlugen. Eine lange Zeit fehlte mir das Handwerkszeug und auch die philosophische Erkenntnis, um die angeschnittenen Probleme in ihrem Kern zu begreifen und wirklich zu verstehen. Mit wachsender Erfahrung allerdings kam ich den Geheimnissen von Liebe und Ehe mehr auf die Spur, so daß ich allmählich ein theoretisches Gerüst entwickelte.

Dabei gewann ich die Erkenntnis, daß sich mehr Menschen über ihr Liebesleben Sorgen machen als über irgendein anderes Problem. Sie kamen zu mir mit allen Anzeichen von Depressionen, Ärger, Ängsten, Eifersucht oder übermäßiger Passivität, und ihre Beschwerden wirkten sich auf ihre berufliche Karriere, auf die Kindererziehung oder sogar auf finanzielle Belange aus. Aber die diesen Störungen am häufigsten zugrundeliegende Lebenssituation beruhte eindeutig auf getrübten ehelichen oder partnerschaftlichen Beziehungen.

Kummer mit der Liebe

Das Thema Liebe ist wahrscheinlich eines der am meisten mißverstandenen Gebiete auf dieser Welt. Unzählige Beispiele illustrieren, wie wenig sich selbst intelligente Menschen mit einer guten Bildung bis hin zu professionellen Beratern über die Probleme der Liebe im klaren sind.

Vor kurzem hörte ich in einer Fernsehsendung den folgenden Rat. Ein Arzt sprach mit einer Patientin, die über Eheprobleme klagte; nachdem er sehr geduldig zugehört hatte, beugte er sich zu ihr hin, nahm ihre Hand, tätschelte sie mit einem liebevollen Lächeln und sagte: »Ich glaube, was Ihrer Ehe guttut, wäre noch ein Baby.« Ich hielt das für eine Ausgeburt an Dummheit, bis mir wiederholt Patientinnen berichteten, wie oft ihnen gute Freunde, Seelsorger und Ärzte das gleiche empfohlen hatten.

Für mich war das ein deutlicher Beweis dafür, daß diese Ratgeber keine Ahnung haben, wie eine Partnerschaft funktioniert. In Wirklichkeit mag ein solcher Rat nur bei einem Bruchteil der verheirateten Bevölkerung sinnvoll sein. Die überwiegende Mehrzahl dagegen hat bei ehelichen Schwierigkeiten keine Verwendung für ein weiteres Baby. Einer Frau zu einem zusätzlichen Kind zu raten, während sie ernsthafte Sorgen mit ihren vorhandenen Kindern und ihrem Mann hat, ist heller Wahnsinn. Wenn ein Mann aus einer Ehe ausbrechen will, weil ihm die Schwierigkeiten mit seiner Frau und seinen Kindern oder mit der finanziellen Belastung über den Kopf wachsen, dann wird der Vorschlag eines weiteren Kindes ihm nicht helfen, sondern Frustration und Streß nur vergrößern.

Die Tatsache, daß solche absurden Ratschläge allen Ernstes erteilt werden, zeigt deutlich, daß die meisten von uns nicht die blasseste Ahnung haben, wie Störungen im Liebes- und Eheleben entstehen und wie sie zu beheben sind.

Wie wenig wir die verborgenen Fallstricke beim vernünftigen Umgang mit Kummer in Liebe und Ehe erkennen, zeigt die Unsicherheit bei der Beantwortung der 2 grundlegenden Fragen unseres Daseins:

● In welchem Alter soll ich heiraten?
● Wen soll ich heiraten?

Es gibt keine Untersuchung, die auf diese beiden Fragen eindeutige Antworten gefunden hat. Gegenwärtig überläßt man die Beantwortung dem Herzen, nicht dem Verstand. Und trotz aller Forschungen in den Sozialwissenschaften wurde kein Fortschritt bei der Lösung der Frage erzielt, wie Menschen erkennen können, wann und mit wem sie den Rest ihres Lebens verbringen sollen. Es ist schon sprichwörtlich, daß wir einen Astronauten auf den Mond schießen können, nicht aber ein Heilmittel gegen den Schnupfen gefunden haben; ebensowenig wie eine Richtlinie, nach der wir unseren Söhnen und Töchtern sagen können, wann für sie die beste Zeit zu heiraten ist und mit welchem Menschen sie vermutlich am glücklichsten werden.

Es ist höchste Zeit, daß die Menschen sich bewußt werden, welchen Stellenwert die Liebe im Rahmen der wichtigen menschlichen Motivationen einnimmt. Ist die Liebe unsere größte Triebkraft, unser größter Reizfaktor oder unser schwächster? Es stellt sich heraus, daß sie auf der Skala unserer Motivierung ungefähr in der Mitte liegt.

Abraham Maslow, ein Psychologe, der eine Theorie der Motivierung aufstellte, kam auf eine Unterteilung von 5 Bedürfnissen, die uns antreiben. Auf der untersten Stufe stehen die Grundbedürfnisse, die zuerst befriedigt und gesättigt werden müssen, ehe wir uns für die nächste Stufe bis zur 5., obersten der Pyramide interessieren. Der Wichtigkeit nach rangieren sie wie folgt:

1. Physiologische Grundbedürfnisse (Stillen von Hunger, Durst, Sexualität, Schlaf, Atmung);
2. Sicherheitsbedürfnisse (Sicherheit, Bestimmtheit, Kontrollierbarkeit, Freiheit von Schmerz und Furcht);
3. soziale Bindungsbedürfnisse (Zugehörigkeit, Geborgenheit, Zärtlichkeit, Liebe);
4. Wertschätzung und Selbstachtung (Anerkennung, Leistung, Prestige, Unabhängigkeit, Zustimmung);
5. Selbstverwirklichung (eigene Möglichkeiten entwickeln, Einsichten).

Es besteht natürlich kein Zweifel, daß die physiologischen Bedürfnisse grundlegend sind. Wenn ein Mensch hungrig und durstig ist und friert, ist für ihn nichts anderes wichtig als Essen, Kleidung und Wasser.

Wir fühlen uns alle wohler, wenn unser gesättigter und warmer Körper ein Plätzchen gefunden hat, in dem wir vor den Gefahren um uns geschützt sind.

Als nächstes kommt das Bedürfnis nach Zugehörigkeit und Liebe. Warum auch nicht? Schließlich sind die materiellen Bedürfnisse befriedigt und die äußeren Umstände leidlich unter Kontrolle, so daß wir jetzt einen Sinn für ein anderes menschliches Wesen haben, mit dem wir eine innige Beziehung eingehen können. Alle Menschen wollen die Zuneigung von anderen, die Gemeinsamkeit, um die Einsamkeit abzuwehren und um außerdem die sexuellen Gelüste zu befriedigen.

Lenken Sie Ihre Aufmerksamkeit aber auf die Tatsache, daß das Bedürfnis nach Zugehörigkeit und Liebe an 3. Stelle der Skala steht und keineswegs an erster, wie viele Menschen zu glauben scheinen. Nach unserem täglichen Verhalten zu urteilen, könnte man den Eindruck gewinnen, daß sich die Menschen nur für eines interessieren, für Liebe, Liebe und nochmals Liebe. Daß dieser Eindruck entsteht, läßt sich einfach darauf zurückführen, daß unsere grundlegenden körperlichen und Sicherheitsbedürfnisse befriedigt und keinen Gedanken mehr wert sind. Wäre die Nahrungsversorgung plötzlich in Gefahr oder hätte ein Sturm unser Haus beschädigt, dann können Sie mir glauben, daß uns nicht der Sinn nach einem Tanzvergnügen mit der neuen Flamme stünde. Wir würden uns den Kopf zerbrechen, wie wir wieder zu einem Dach über dem Kopf und zu Lebensmitteln kommen könnten.

Als nächstes streben wir nach Wertschätzung durch andere, nachdem wir das Gefühl haben, geliebt zu werden und anerkennenswert zu sein. Nun ist der Zeitpunkt gekommen, durch Leistung Erfolg erreichen zu wollen, unsere Fähigkeiten zu beweisen und der Welt zu zeigen, daß wir unabhängig und frei sind. Jetzt sind wir in dem Lebensabschnitt angekommen, wo wir Prestige und Anerkennung für unsere Bemühungen erwarten.

Die letzte Stufe der Pyramide ist die Selbstverwirklichung. Wir wollen die Gaben, die wir haben, entwickeln und ausleben. Unser Ziel ist die vollkommene Erfüllung unseres eigentlichen Wesens.

Wenn wir diese 5 Gruppen von Bedürfnissen betrachten, bekommen wir ein klareres Bild von der wichtigen, aber nicht übermächtigen Rolle, die die Liebe im Reigen der Gegebenheiten spielt. Liebe zu brauchen ist eine vorübergehende Phase in unserem Wachstumsprozeß, die uns zu höheren Zielen wie Selbstachtung und Selbstverwirklichung führt.

Prägen wir uns also ein, daß der Drang zu lieben und geliebt zu werden weder zu den stärksten noch zu den schwächsten Motivationen gehört. Er ist eine Voraussetzung für das Erklimmen der höheren Bedürfnisstufen und verliert an Bedeutung, sobald er seinen Zweck erfüllt hat, uns auf die 4. und 5. Plattform zu heben. Ebensowenig, wie wir jeden Tag nach etwas Eßbarem suchen müssen, brauchen wir jeden Tag die Bestätigung, etwas wert zu sein (weil wir geliebt und von anderen Menschen akzeptiert werden), nachdem wir einmal dieses Stadium der Entwicklung hinter uns gelassen haben.

Eine letzte Bemerkung scheint mir noch nötig, um zu beweisen, wie wenig bewußt uns die Liebe als menschliche Bedingung ist: Sie ist in der psychologischen Diagnose nie als bestimmendes Moment hervorgetreten. Aber mir scheint, sie sollte hier mehr in Betracht gezogen werden.

Wie soll man einen Zustand benennen, in dem jemand plötzlich deprimiert, weinerlich, wahnsinnig eifersüchtig und dem Selbstmord nahe ist, den man normalerweise als intelligent, ausgeglichen, gut aussehend, ja sogar schön kennt?

Wir haben alle schon solche Perioden von gestörtem Lebensgefühl erlebt oder sie bei anderen beobachtet. Wir alle kennen einen Menschen, der so wahnsinnig verliebt war, daß er sein Leben für die Frau oder den Mann der Träume gegeben hätte. Wenn ein Fußballstar zur Behandlung kommt und am liebsten sterben möchte, weil ihn seine Freundin sitzen ließ, kann man dann von einer einfachen Depression sprechen? Oder handelt es sich um eine vorübergehende pubertätsbedingte Störung? Ist es ein Anzeichen für ein sich schon länger anbahnendes Persönlichkeitsproblem? Ich glaube nicht. Es handelt sich um einen Zustand, den man als »Kummer mit der Liebe« oder »Liebesstörung« bezeichnen kann.

Dieser Kummer mit der Liebe ist ein sehr schmerzlicher und herzzerreißender Zustand, ähnlich dem Himmelhoch-jauchzend-zu-Tode-betrübt-Sein der manisch-depressiven Psychose. Ebenso wie die Psychose kann er Gefühle vermitteln, als flöge man auf silbernen Schwingen oder säße im finstersten Keller. Dieser Zustand kann jung und alt befallen, und beim ersten Mal ist die Gefahr des Selbstmords möglicherweise am größten. Jedenfalls vernebelt er den Verstand und läßt uns die wichtigsten Dinge vergessen, seien es Essen, Trinken, Schlaf oder Arbeit. Wenn das keine neurotische Reaktion ist, was dann?

Lieben kann uns zu närrischem Verhalten veranlassen und uns mit Schmerz erfüllen. Es ist nicht zum Lachen, wenn man einen Menschen in den Klauen eines unerfüllten Liebessehnens leiden sieht. Es genügt auch nicht, um die Depressionen zu beenden, wenn man ihm beibringt, mit den Selbstvorwürfen aufzuhören. Um der bleibenden Gesundheit willen ist es nötig, aus der Liebe zu fallen. Sich zu verlieben oder zu entlieben, ist mit Schulden machen und abzahlen zu vergleichen. Ersteres ist leicht, letzteres alles andere als einfach.

Die Ursachen des Problems

Um die Gründe zu verstehen, warum liebende Paare streiten und sich schließlich nicht mehr lieben, will ich nicht die lange Liste der offensichtlichen Tatsachen aufführen, warum Menschen nicht miteinander auskommen. Statt dessen will ich Ihnen die Einsichten vermitteln, die sich mir in Jahren der Beratung bei Partnerschaftsproblemen aufdrängten.

Wenn ich die häufigste Erscheinung von Mangel und Versagen identifizieren soll, wenn die Beziehung zwischen Männern und Frauen gespannt, zerstörerisch und sehr streßbeladen geworden ist, dann ist es die Unfähigkeit, zu erkennen, wie wichtig für sie ein vernünftiges Maß an Befriedigung in ihrer Gemeinsamkeit ist. Es ist ein weitverbreiteter Irrglaube, daß dem anderen unaufhörlich nachzugeben der beste Weg sei, um Liebe zu bekommen, und je mehr man gibt, desto mehr Liebe wird man empfangen.

Diese Feststellung bedarf noch einer Differenzierung. Wenn es bedeutet, daß gleichzeitig die eigenen Bedürfnisse und Wünsche erfüllt werden, dann ist es in Ordnung. Wenn man aber dauernd *Opfer ohne Gegenleistung bringt,* dann belastet dies die Beziehung in zunehmendem Maße. Meiner Beobachtung nach führt ein sehr passives, liebendes und gebendes Verhalten zu Streß. Das beste Gegenmittel ist, wenn man lernt, sich durchzusetzen. Ich glaube, daß es die beste Kur für eine schlechte Partnerschaft ist, einer oder manchmal auch beiden Parteien beizubringen, wie sie aus ihrer Ehe mehr Vorteile für sich herausholen können. Das größte Unglück in Beziehungen stammt daher, daß einer oder beide Partner zu viel geopfert haben. Wenn man sich über die eigenen Wünsche und Bedürfnisse nicht im klaren ist, schadet das letzten Endes nicht nur einem selbst, sondern auch den Kindern und dem Partner.

Besonders den Frauen wird noch immer gelehrt, sich dem Mann zu unterwerfen und seine Sorgen vor die eigenen zu stellen. Das hat die Nebenwirkung, daß sie auch die eigenen Interessen den seinigen unterordnet, wodurch automatisch eine Feindseligkeit der Frauen gegenüber den Ehemännern entsteht. Der Geschlechtsverkehr liefert dafür ein anschauliches Beispiel. Wenn es der Frau laufend darum geht, daß ihr Liebhaber einen Genuß hat, dann wird sie aller Wahrscheinlichkeit nach keine sexuelle Befriedigung erlangen. Wenn sie aber willens ist, auf das eigene sinnliche Vergnügen ebenso zu achten wie auf das des Partners, wird es sich für beide günstig auswirken.

Ein Mensch, der sich besessen um das Wohlergehen eines anderen kümmert, bekommt Probleme, weil er besitzergreifend und eifersüchtig wird. Anstatt dem anderen Freiheit zu gewähren, die zu immer stärkeren Gefühlen der Liebe führt, neigen viele dazu, diese wundervollen Gefühle zu erdrücken und zu ersticken.

Zu vielen Jugendlichen ist erklärt worden, daß wir um so mehr geliebt werden, je mehr wir lieben. Das klingt herrlich und reif und ist ein machbares Ideal, wenn die Durchführung stimmt. Unglücklicherweise ist es ein leicht ins Gegenteil kippendes Ideal, das eine Reihe von einseitigen Aktionen des Gebenden hervorbringt. Jede aus dem Gleichgewicht geratene Beziehung, in der ein Partner viel gibt und der andere viel nimmt, wird zu kränkeln beginnen.

Wir müssen unser Verhalten in einer Partnerschaft oder Ehe auf gegenseitige Opfer ausrichten, nicht auf das totale Opfer einer Person. So befaßt man sich reif und gesund mit dem Problem, anstatt selbstsüchtig zu sein. Und man ist frei von Gewissensbissen.

Betrachtet man den Unterschied zwischen dem, was ein Mensch geben muß, und dem, was der andere zu empfangen erwartet, dann kommt es vorrangig nicht darauf an, wieviel man dem Partner gibt, sondern wie hoch man das einschätzt, was man im Gegenzug geboten bekommt.

Einer meiner Patienten erzählte mir, daß er eine sehr glückliche Ehe führe, weil seine Frau ihm alles gebe, was er erwarte. Das überraschte mich, weil ich den Eindruck gewonnen hatte, ihm würde eine Menge vorenthalten. Seine Frau war mir und meinen Kollegen immer als ziemlich verwöhnt erschienen. Doch er bekräftigte, daß er von ihr nur erwarte, daß sie zu Hause bei den

Kindern bliebe, den Haushalt gut führe und ihm treu sei. Für diesen Vorteil war er bereit, ihr praktisch jeden Wunsch zu erfüllen. Sie kontrollierte die Finanzen, konnte bis spät ausgehen, sich Garderobe und Schmuck kaufen und sogar mit Verwandten oder Freundinnen verreisen. Er bekam, was er sich vorgestellt hatte, und war zufrieden.

Menschen mit sehr unterschiedlichen Vorstellungen von wichtigen Lebensfragen haben keinerlei Aussicht, miteinander glücklich zu werden. Wie sollten sie auch? Schließlich fühlen wir uns am wohlsten unter Menschen, die uns ähnlich sind, die wie wir denken, die gleichen politischen Richtungen und Freude an den gleichen Freizeitbeschäftigungen, Nahrungsmitteln und so weiter haben. Es ist deshalb äußerst wichtig, den Grad der Übereinstimmung genau zu untersuchen, wenn man sich verliebt.

Im Grunde gibt es 2 Arten von Nicht-Übereinstimmung: die neurotische und die tiefgreifende.

Neurotische Unvereinbarkeit tritt zwischen zwei eigentlich gut zueinander passenden Individuen ein, die wegen vorübergehender emotionaler Schwierigkeiten in einem gespannten Verhältnis leben. Werden die emotionalen Schwierigkeiten gelöst, läuft alles wieder glatt. Bei den meisten Patienten in meiner Praxis ist das der Fall gewesen.

Eine *tiefgreifende Unvereinbarkeit* entspringt auf der anderen Seite grundlegenden Unterschieden zwischen den Partnern, so daß eine friedliche Koexistenz fast undenkbar erscheint. Beispielsweise wird ein sehr religiöser Mensch im Zusammenleben mit einem Atheisten sehr unglücklich sein. Eine meiner Patientinnen liebte einen Mann sehr und hätte ihn gern geheiratet, konnte den Gedanken aber nicht ertragen, weil er kein Christ war. Das war eine unüberwindliche Kluft, und ich stimmte ihr zu.

Andere Formen von tiefgreifender Unvereinbarkeit äußern sich in Fragen, ob die Kinder streng oder nachsichtig erzogen werden sollen, ob Geld gespart oder ausgegeben werden soll oder ob man zweimal täglich oder zweimal monatlich miteinander schlafen will. Diese Verschiedenheit der Haltung und der Weltmaßstäbe ist so unüberwindlich, daß der tägliche Umgang zu Hause nicht nur frustriert, sondern tiefe Gräben aufreißt.

Einer der Hauptgründe für die unterschiedliche Beurteilung von Problemen ist die *Erziehung*. Der familiäre Hintergrund ist viel entscheidender für den Umgang mit bestimmten Gegebenheiten und für die philosophische Einstellung, als gemeinhin angenommen wird. Eine große Anzahl meiner Patienten hat in ihrer Partnerschaft Schwierigkeiten, weil sie den sozialen und kulturellen Hintergrund ihrer Partner nicht genug in Betracht gezogen hat, als sie heirateten.

Eine Frau zum Beispiel stellte mit Verwunderung fest, daß ihrem Mann der Ehrgeiz fehlte, daß er stundenlang vor dem Fernseher saß und weder im Haushalt noch mit den Kindern half, dafür aber regelmäßig mit Freunden zum Angeln oder Jagen fuhr. Als ich aber nach seinen früheren Lebensumständen fragte, kam heraus, daß sich sein Vater sehr ähnlich verhielt und daß seine Mutter das immer hingenommen hatte. Sie hatte also einen Mann aus einer Familie geheiratet, in der der Vater arbeitete, sich zu Hause ausruhte und seinen Vergnügungen ohne seine Frau nachging. Warum sollte sich der Sohn dieser Eltern, den sie geheiratet hatte, anders benehmen? Hätte sie sich das Familienleben im Elternhaus mit halbwegs offenen Augen angesehen, dann hätte sie genau voraussagen können, was sie von ihrem Ehemann zu erwarten hatte.

Was ich Verlobten mit Nachdruck rate, ist, soviel Zeit wie irgend möglich bei den künftigen Schwiegereltern zu verbringen. Sie sollen sich genau anschauen, wie sie miteinander umgehen, welche politischen und religiösen Ansichten sie haben, wie sie finanzielle Fragen behandeln und ob sie sich streiten oder in Ruhe Differenzen ausdiskutieren. Geben Sie sich nicht der naiven Vorstellung hin, Ihr zukünftiger Gatte oder Ihre zukünftige Gattin wäre viel anders, als sie in ihrer Familie geprägt worden sind. Die Menschen verhalten sich so, wie sie es gelernt haben. Sie können sich ändern, zugegeben. Aber die Veränderung muß von innen kommen, nicht von außen, und die Notwendigkeit dazu mag sich erst in Jahren ergeben. Sie können ruhig davon ausgehen, daß das Weltbild, das Temperament und der Lebensstil, mit denen Ihr Geliebter oder Ihre Geliebte aufgewachsen ist, auch für Ihre Beziehung ein integraler Bestandteil auf lange Sicht sein wird.

Eine andere oft nur wenig verstandene Tatsache, die zu Reibungen in sonst stimmenden Beziehungen führt, ist die Tendenz eines jeden Menschen, mit den Jahren verschiedene Stadien zu durchlaufen und *sich weiterzuentwickeln*. Die Person, die Sie Anfang 20 geheiratet haben, ist mit 30 nicht mehr der gleiche Mensch. Ein junger Mann begeistert sich vielleicht mit 20 für Motorräder, geht gern mit seinen Kumpels saufen und interessiert sich mehr für seine Freizeit als für seine Arbeit. Mit 30 tauscht er dann seinen Feuerstuhl gegen einen Mittelklassewagen ein, verkehrt lieber mit Intellektuellen oder Geschäftsfreunden anstelle der rauhbeinigen Clique und richtet sich allgemein mit Gewohnheiten ein, die ihm früher undenkbar und langweilig erschienen wären. Und das gleiche gilt natürlich auch für Frauen. Während sie anfänglich passiver waren und die Entscheidungen und den Lebensunterhalt dem Ehemann überließen, können sie mit zunehmenden Jahren unabhängiger, weniger ängstlich und dafür erwachsener werden, was für den Ehemann zu unliebsamen Veränderungen führen mag.

Man kann sagen, daß sich die Menschen in regelmäßigen Abständen von 7-10 Jahren wandeln, wobei diese Angabe natürlich nicht besonders präzise ist. Ob sich Veränderungen alle 5, 7 oder 10 Jahre abzeichnen, hat weniger Bedeutung als die Tatsache, daß man mit Änderungen bei den Mitmenschen rechnen muß. Das ist einer der Gründe, warum sich Paare selbst nach längerer Zeit trennen. Das besagt nur, daß genügend Zeit verstrichen ist und Veränderungen und Entwicklungen bei einem Partner oder bei beiden stattgefunden haben, daß Dinge, die sie oder ihn einst glücklich gemacht haben, nun nicht mehr zutreffen. Menschen ändern sich eben. Deshalb kann es nicht überraschen, daß sich unsere Vorstellungen mit den verschiedenen Lebensstadien wandeln.

Etwas Wunderbares widerfährt den meisten Menschen mit ungefähr 30 Jahren. In diesem Alter begreifen die meisten zum ersten Mal, um was sich das Leben eigentlich dreht. Sie können auf die vergangenen Jahre zurückblicken und die Erfahrungen in einem völlig neuen Licht sehen. Sie können in ihrem Verhalten Muster erkennen, die ihnen zuvor verschlossen waren. Es ist, als seien sie bisher durch einen dichten Wald geschritten und hätten nun eine Lichtung erreicht, von der aus sie ihren Standpunkt bestimmen können. Viele haben dieses Erlebnis mit etwa 30 Jahren.

Die psychologische und praktische Bedeutung dieses Alters liegt häufig darin, daß sich etwa zu diesem Zeitpunkt angespannte Verhältnisse in der Partnerschaft abzeichnen. In diesem Alter können sich bei dem einen Partner gesunde, neue Entwicklungen vollziehen, auf die der andere nicht vorbereitet ist und die ihm nicht passen. Männer neigen dazu, bestimmter aufzutreten, zielstrebiger zu handeln und im allgemeinen mehr Reife an den Tag zu legen. Frauen treten oft aus ihrer Abhängigkeit hervor und zeigen sich weniger kooperativ und ängstlich. Für einen unsicheren Mann stellt das zweifellos eine schwierige Lage dar. Wenn er den Entwicklungsschritt nicht ebenso vollzogen hat wie seine Frau, dann liegt das Gleichgewicht des Reifegrads schief. Wenn sie in diesem Lebensabschnitt sehr reif wird und er nicht, dann wird sie glauben, in ihm ein Kind zu haben und keinen Partner.

Eine weitere Ursache für viele Reibereien zwischen Partnern liegt in der *mangelnden Erkenntnis, daß das Zusammenleben die schwierigste aller menschlichen Bemühungen ist.* In der Ehe wird Hingabe, Geduld und die Übernahme langfristiger Verantwortung in einem Maß und in einer Intensität verlangt, daß man schon unter der Last zusammenbrechen kann.

Eine Frau erklärte mir nach 2jähriger Ehe, daß die Ehe sie einenge, überfordere, behindere und vor große Schwierigkeiten stelle; und doch dachte sie nicht an Scheidung, sondern fand ihre Ehe glücklich. Mir schien ihre Einschätzung der Lage sehr scharfsinnig. Wer strahlend blauäugig, naiv und auf den Wolken romantischer Gefühle in eine Ehe schwebt und sie für nicht endende Feiertage hält, dem steht ein böses Erwachen bevor. Wenn sich die unbezahlten Rechnungen häufen, wenn der eine über die Wünsche des andern hinwegtrampelt, wenn er seine

Freiheit vermißt, weil er eine Familie hat und für sie arbeiten muß, und wenn sie sich im Haus angebunden fühlt, weil sie für kleine Kinder sorgen muß, dann wird ihnen schlagartig die wahre Bedeutung des ehelichen Zusammenlebens mit allen Verpflichtungen klar.

Ich betone aber trotzdem nachdrücklich, daß ich die Ehe für eine wunderbare und schöne Einrichtung halte. Wenn sie richtig betrieben wird, gibt es keine lohnendere menschliche Betätigung, und um der dauerhaften Zufriedenheit und Glücksmöglichkeit willen sei allen Menschen dringend geraten, den Versuch mit aller Kraft zu wagen.

Ein weiteres Hindernis auf dem Weg zu gemeinsamer Harmonie bildet unser mangelhaftes Verständnis für die sehr subtilen, aber tiefgreifenden *Unterschiede zwischen Mann und Frau.* Läßt man die offensichtlichen körperlichen Unterschiede beiseite, dann ist es ebenso merkwürdig wie seltsam, wie häufig Patientinnen mit sehr verschiedenem Hintergrund in der Sprechstunde sehr ähnliche Klagen äußern. Diese übereinstimmenden Standpunkte haben mich davon überzeugt, daß zwischen Mann und Frau gewisse angeborene Unterschiede bestehen, die über die verschiedene Erziehung, die wir Mädchen und Jungen angedeihen lassen, hinausgehen.

Wenn ein Junge beispielsweise zum Mann heranwächst, fällt es ihm nicht schwer, Liebe von Sex zu trennen. Er kann sich mit seiner Freundin oder Frau streiten und im nächsten Moment mit ihr schlafen wollen. Kurz gesagt kann er sich Sex mit einer Frau vorstellen, ohne sich groß Gedanken um sie als Individuum zu machen. Männer beklagen sich häufig, bei ihren Frauen nicht genügend Sex zu bekommen und von ihnen zu sehr vereinnahmt zu werden. Sie meinen, ihre Liebe zu ihrer Frau ausreichend dadurch zu demonstrieren, daß sie schwer für sie arbeiten, sich nicht betrinken, pünktlich heimkommen und ihr nicht untreu sind. Sie sehen nicht die Notwendigkeit ein, »ich liebe dich« zu sagen. Worte besagen doch viel weniger als Taten, oder?

Frauen dagegen sprechen immer wieder davon, daß sie Zärtlichkeit und Liebe wollen, und erwähnen Sex nicht einmal. Es ist nicht etwa so, daß ihnen Sex keinen Spaß macht, aber für sie ist Sex in Liebe und Zuneigung eingebettet. Für sie sind Liebe und Sex untrennbar verbunden, und meistens haben sie Schwierigkeiten damit, ohne zärtliche oder mindestens freundschaftliche Gefühle für den Liebhaber auf sexuelle Annäherungen einzugehen. Beiläufige sexuelle Betätigung in einer Partnerschaft gilt ihnen nicht viel.

Ein weiteres für Frauen charakteristisches Merkmal ist, daß ihnen daran liegt, über ihre Gefühle zu sprechen und zu wissen, wie ihre Partner empfinden. Die Kommunikation über Gefühle gehört für sie absolut zur sexuellen Befriedigung. Von dem Liebhaber nichts zu wissen grenzt für sie an Prostitution. Wenn sie nicht weiß, was im Herzen ihres Liebsten vorgeht, fühlt sie sich ihm nicht als Partnerin verbunden. Tiefe Gefühle und ihre verbale Äußerung sind deshalb wichtiger als Händchenhalten, das Geschenk eines neuen Kleides oder eines gemeinsamen Ausflugs. Wenn sie vor ihm nicht ebenso ihre Seele entblößen kann wie ihre Brüste, verliert sie oft das Interesse. Diese Seite der weiblichen Psychologie verstehen sehr viele Männer nicht, wissen sie nicht zu schätzen und empfinden sie oft als eher störend.

Frauen wollen sich ausdrücken und artikulieren. Sie genießen die Preisgabe von Emotionen und Intimitäten und wollen genau wissen, wo sie mit dem Mann stehen, zu dem sie eine enge Bindung haben. Männer dagegen haben nicht das Bedürfnis, bis in die inneren Gehirnwindungen ihrer Frauen oder Freundinnen vorzudringen. Und wenn sie Sorgen haben, wollen sie oft nicht mit ihren Partnerinnen darüber sprechen, weil sie meinen, selbst mit sich ins reine kommen zu müssen. Frauen dagegen berichten, daß sie verrückt werden, wenn sie nicht über ihre Schwierigkeiten sprechen können. Es kommt ihnen darauf an, wem sie das Herz ausschütten. Es muß ein Mensch mit einem offenen Ohr und einer weichen Schulter sein, den sie respektieren. Ein Mann hat dafür nur selten die richtige Antenne, und ihm ist es viel lieber, wenn er allein eine Problemlösung findet.

Ein anderes Phänomen will ich den *Nachholbedarf* nennen; es demonstriert ein weiteres Beispiel für die manchmal auftretende Unfähigkeit, Eheprobleme in den Griff zu bekommen. Der Nachholbedarf zeigt sich, wenn ein junger Mann oder eine junge Frau sehr früh heiraten und eine Menge Spaß versäumt haben, den sie als freie Menschen hätten genießen können. Da das aber nicht möglich war, kann ein Moment in ihrem Leben – im Alter von 30 oder auch 40 Jahren – eintreten, wo ihn oder sie ein großer Freiheitsdrang überfällt, wo sie vielleicht andere Partner suchen oder auf eine Abenteuerreise gehen, um einen Hauch des jugendlichen Überschwangs zu erhaschen, den sie seinerzeit nicht erlebt haben.

Wenn ein Partner sich benachteiligt fühlt, weil er in sehr jungen Jahren geheiratet und keine Zeit für Jugendtorheiten hatte, muß er sich damit abfinden und mit Anstand damit leben, weil er sonst seine Beziehung in größte Gefahr bringt.

Was Partner einander in der Hitze des Gefechts und in einem Anfall von Ärger *an den Kopf werfen*, hat auf den weiteren Verlauf ihrer Beziehung oder Ehe auch einen großen Einfluß. Mein Rat an alle Ehepaare ist, den Mund zu halten, wenn man wütend ist. Wenn Sie Ihren Zorn nur schwer zügeln können, müssen Sie das lernen. Reißen Sie Ihre Klappe in einem Streit nicht so weit auf, nur um Ihren Partner zu verletzen. Ein solches Verhalten sollte Ihnen leid tun, weil sie jedes Mal nach Punkten verlieren. Der Tag wird kommen, wo jedes Gefühl zwischen Ihnen beiden erloschen ist. Schließlich sagt Ihr Partner: »Na schön, wenn du es so empfindest, dann gehe ich eben. Du kannst die Scheidung haben. Du hast mich absolut überzeugt, daß es ein Fehler war, dich zu heiraten.«

Es gibt noch 2 weitere Ursachen für Eheschwierigkeiten.

Die erste hat mit der irrationalen Vorstellung zu tun, daß 2 Menschen, die zusammenleben, einander gehören. Die Meinung ist weit verbreitet, daß man an den Partner eine Art *Besitzanspruch* hat. Wenn sie sagen »du bist mein«, ist das häufig nicht als Ausdruck inniger Romantik aufzufassen, sondern als juristische Feststellung. Es soll heißen, du gehörst mir, du wirst tun, was ich sage, du darfst nirgends hingehen und mit niemandem sprechen, der mir nicht paßt usw.

Wer sich ein solches Besitzdenken nicht zu eigen macht, fährt besser in einer Ehe. Sie wissen, daß die Heirat ein Vertrag ist, der für unbestimmte Zeit geschlossen wurde, nämlich so lange, wie die zwei Menschen sich an die Gemeinsamkeit gebunden fühlen und solange die Abmachungen sich für beide ziemlich befriedigend auswirken. Sie haben begriffen, daß diese Abmachung von jedem der Partner beendet werden kann und auch sollte, wenn er ein Mindestmaß an Befriedigung vermißt.

Unglücklicherweise neigen unsichere Menschen mit einem Minderwertigkeitskomplex und einem geringen Selbstwertgefühl am ehesten dazu, ihren Ehemann oder ihre Ehefrau als Besitz anzusehen. Sie finden gar nicht, daß er oder sie das Recht hat, die Beziehung abzubrechen. Sie meinen, daß sie mit dem Ring am Finger dem Partner einen Nasenring angelegt haben. Und das sind gefährliche Leute. Nicht selten sind sie eifersüchtig, hinterhältig und krankhaft erregbar.

Als letzte Ursache für Reibereien in der Partnerschaft kann das *Bedürfnis, geliebt zu werden*, gelten. Ich stoße häufig auf Fassungslosigkeit und Abwehr, wenn ich konstatiere, daß Liebe für das Leben nicht notwendig ist. Die Leute halten eine solche Feststellung für so etwas wie eine Gotteslästerung. Die Verherrlichung der Liebe ist für uns das Goldene Kalb. Wer sie nicht als höchstes geistiges Ziel betrachtet, hat angeblich das Gemüt eines Fleischerhunds. Wer die Liebe nicht zum zweiten Gott erhebt, wird als gefühlloser Roboter angesehen.

Angeblich braucht jeder Liebe, und ein Leben ohne Liebe ist schrecklich und unerträglich. Zurückweisung ist die schlimmste Kränkung und die größte Beeinträchtigung, die man erleben kann. Nur an der Liebe und Anerkennung von anderen kann man den eigenen Wert messen. Soviel Bedeutung wird diesem Komplex beigemessen.

Dem kann ich mich nicht anschließen. Sofern es sich nicht um hilflose Kinder handelt, leuchtet mir nicht ein, weshalb wir die Liebe für absolut unerläßlich halten und weshalb unser Leben die reine Hölle sein soll, wenn wir nicht von jemand geliebt werden, innig und ohne Unterlaß.

Die *neurotische Gier nach Liebe* anstelle des verständlichen Wunsches nach Liebe bereitet den Menschen, die sich angeblich lieben, mehr Schmerz und Kummer als sonst etwas.

Wieso muß man unbedingt geliebt werden? Wieso soll erst die Zuneigung eines anderen einen Menschen zu einem wertvollen Wesen machen? Als wäre man ungeliebt nicht genauso wertvoll. Wie kommen Sie dazu, sich von anderen Menschen (durch ihre Liebe) einstufen zu lassen, ob Sie liebenswert und akzeptabel sind oder nicht? Es muß doch etwas an dieser Einschätzung falsch sein, wenn dieses Urteil von anderen Menschen gefällt wird, ohne Sie zu kennen. Wie kann man sich von Fremden praktisch vorschreiben lassen, wie anerkennenswert man ist?

Sie sollten diese Feststellungen genau bedenken. Fragen Sie sich ehrlich, ob die Liebe eines anderen Menschen wirklich eine entscheidende Rolle in Ihrem Leben spielt oder nur eine wünschenswerte. Ist es ohne Liebe nicht unpraktisch, bedauerlich und traurig? Natürlich ist es das. Aber ist es auch schrecklich, tragisch und das Ende der Welt? Wenn Sie das glauben, dann beweisen Sie es!

Lassen Sie sich vom letzten Punkt nicht irreführen. Ich habe absolut nichts gegen tiefe Gefühle für einen anderen Menschen. Ich halte sie für positiv und wunderbar und bestärke alle, sich sehr anzustrengen, um eine intime und harmonische Beziehung zu den Nahestehenden zu entwickeln. Aber ich wehre mich gegen die Vorstellung, daß man zum Leben wirklich den dauernden Liebesbeweis eines bestimmten Menschen braucht.

Wenn Sie diesen feinen Unterschied begriffen haben, sind Sie für immer gegen die größte Angst gewappnet – die vor einer *Zurückweisung*. Die meisten Menschen empfinden eine Zurückweisung wie ein Messer, das ihnen im Herzen umgedreht wird. Von einem Menschen nicht angenommen zu werden, den sie schätzen, stellt für viele den letzten Beweis ihrer absoluten Wertlosigkeit dar. Als würden wir niemals zurückgewiesen, wenn wir einen eigenen Wert hätten.

Doch tut die Zurückweisung nicht weh, wenn Sie sie nicht schmerzen lassen. Wenn Sie darauf bestehen, ein Nichts zu sein, weil Ihre große Liebe Sie zurückgewiesen hat, dann hat es Ihnen schon vorher an Selbstvertrauen gemangelt. Wenn Sie meinen, Ihr Leben sei zu Ende, weil Ihr Mann sich für eine andere interessiert, dann haben Sie sich vorher schon für nicht besonders liebenswert gehalten. Wenn alles für Sie zusammenbricht, weil Ihr Liebster nicht mit Ihnen redet, dann stehen Sie nicht sehr fest auf eigenen Beinen.

Mit anderen Worten zeigt Ihre Reaktion auf eine – schwerwiegende – Zurückweisung, wie unzulänglich und minderwertig Sie sich fühlen. Glauben Sie an den schwarzen Mann? An Gespenster, die böse Sieben, Hexen, Kobolde und an den Osterhasen? Mit ebensoviel Berechtigung können Sie behaupten, daß ein intelligenter Erwachsener ohne Liebe nicht leben kann. Vielleicht erinnern Sie sich einmal, wie oft Sie schon mit einer Liebe Schluß gemacht haben. Und doch waren Sie nach der Auflösung dieser Beziehung durchaus in der Lage, zu überleben und sich nach einer gewissen Zeit einem anderen Menschen anzuschließen. Trotz dieser wiederholten Erfahrungen werden Sie doch nicht weiter in den gleichen Fehler verfallen und meinen, eine Zurückweisung sei grauenhaft, existenzbedrohlich, ein Beweis für Ihre Wertlosigkeit und so weiter und so fort.

Genug damit. Es ist Zeit, erwachsen zu werden. Wir sollten mit Stolz auf all die Kämpfe zurückblicken, die wir im Leben bestanden haben, und eine Zurückweisung als nichts anderes betrachten als eine vorübergehende Frustration. Wir wissen doch, daß wir imstande sind, solche Störungen wegzustecken. Trauen wir uns doch die Fähigkeit zu, uns an neue gesellschaftliche Veränderungen, an neue Länder, neue Stellungen, neue Familien anzupassen und unseren Wachstumsprozeß nicht zu behindern. Wir sind keine Kinder mehr. Wir sind erwachsen. Wir sind stark. Wir sind fähig. Und wir sind für viele Menschen liebenswert, selbst wenn der derzeitige Partner das nicht so empfinden kann. Sei's drum. Das Leben geht weiter.

Die Lösung

In den folgenden Kapiteln werden 3 verschiedene Möglichkeiten behandelt, wie man erreichen kann, zu lieben und auch geliebt zu werden. Die ersten beiden Wege erschlossen sich mir durch die Arbeiten der Psychologen Charles und Clifford Madsen. Der 3. Weg entstammt der religiösen Tradition.

Die sehr einfachen Ausgangspunkte der Madsens waren, Kindern beizubringen, daß

1. ihnen angenehme Dinge widerfahren, wenn sie etwas Nettes taten, und daß

2. ihnen unangenehme Dinge widerfahren, wenn sie etwas Böses taten.

Sie stellten außerdem fest, daß diese 2 einfachen Grundsätze häufig mißachtet werden und die Kinder gelernt hatten, ganz andere Konsequenzen zu erwarten. Sie rechneten tatsächlich mit den folgenden Konsequenzen:

● Wenn Kinder böse waren, passierten ihnen manchmal nette Dinge.

● Wenn Kinder lieb waren, passierten ihnen manchmal unangenehme Dinge.

● Es war gleichgültig, wie sie sich verhielten, denn es passierte etwas Unangenehmes.

● Es war gleichgültig, wie sie sich verhielten, denn es passierten nette Dinge.

Soviel zur Konsequenz Erwachsener. Kehren wir zu den beiden Grundsätzen der Madsens zurück. Ich halte sie für ein sehr vernünftiges, aber nicht vollständiges Konzept für die Interaktionen zwischen 2 Menschen. Ich möchte noch eine Mittelstufe einfügen und formuliere die 3 Regeln, um Kooperation, Achtung und Liebe zu erreichen, wie folgt:

Regel 1:
Wenn Menschen Sie nett behandeln, behandeln Sie sie nett.

Regel 2:
Wenn Menschen Sie schlecht behandeln, behandeln Sie sie weiterhin nett, halten Sie ihnen die andere Wange hin, vergel-

ten Sie Böses mit Gutem, dulden Sie Übergriffe – *eine vernünftige Zeit lang.*

Regel 3:
Wenn Menschen Sie schlecht behandeln *und die 2. Regel nicht funktioniert,* behandeln Sie sie ebenso schlecht mit etwa der gleichen Intensität, aber ohne Zorn.

Die klassische Schönheit dieses Konzepts basiert auf wissenschaftlichen Erkenntnissen und seiner absoluten Schlichtheit. Lassen Sie sich aber nicht zu der irreführenden Meinung verleiten, die Befolgung sei leicht. Sie werden feststellen, daß Sie mit diesen 3 Methoden in der Tat Kooperation, Achtung und Liebe erreichen werden, aber es ist ein hartes Stück Arbeit. Sie werden dabei wenigstens die Erfahrung machen, daß die Welt nicht so kompliziert ist und daß Sie Ihr Ziel trotz aller subtilen Verwicklungen im Auge behalten können. Solange Sie wissen, wo Sie hinwollen und warum, selbst wenn Ihnen das Ziel nicht ganz klar umrissen erscheint, können alle möglichen Hindernisse auftreten, ohne Sie zu beirren, wie Ihr Verhalten auf die Reaktionen der oder des anderen Menschen aussehen muß.

Ehe wir uns intensiver damit befassen, muß erst mit aller Deutlichkeit klargestellt werden, was Liebe eigentlich ist und unter welchen Voraussetzungen eine Ehe oder Liebesbeziehung funktioniert.

Die Wahrheit über Liebe und Ehe

Liebe ist das mächtige Gefühl, das man für Menschen, Tiere oder Dinge empfindet, die unsere innersten Wunschvorstellungen und Bedürfnisse befriedigen, befriedigt haben oder befriedigen werden.

Die Gegenseitigkeitstheorie der Liebe

Diese Feststellung kommt Ihnen vielleicht nicht besonders originell vor, aber ich versichere Ihnen, daß dahinter bei näherer Betrachtung eine Menge Erkenntnisse stecken, die schwer zu verdauen sind.

Zum Beispiel weist diese Definition deutlich darauf hin, daß es nicht Menschen sind, die wir lieben, sondern das, was Menschen, Tiere oder Dinge für uns tun und bewirken, an dem unser Herz hängt. Wenn die Person, die Sie lieben, bei Ihnen nicht äußerst wichtige Bedürfnisse befriedigt, dann – das ist meine Überzeugung – werden Sie sich einfach entlieben. (Während »Liebe machen« sich bei uns inzwischen als übersetzter Ausdruck eingebürgert hat, führe ich die bildhaften Beschreibungen »in Liebe« und »aus der Liebe fallen« oder »entlieben« hiermit ein. Anm. d. Übers.) Wenn die Person Ihnen keine Befriedigung, keine Vorteile und kein Vergnügen bietet, wird Ihre Liebe erlöschen. Das Gegenteil trifft ebenfalls zu. In dem Maß, wie ein Mensch Ihre innersten Wunschvorstellungen und Bedürfnisse erfüllt, werden Sie geneigt sein, dieses Individuum zu lieben.

Führen Sie sich noch einmal vor Augen, daß Sie bei genauer

Analyse nicht den Menschen lieben, sondern das, was er für Sie tut.

Sobald Sie diese einfache Tatsache verstanden haben und akzeptieren, wird es Ihnen viel leichter fallen, bei anderen Liebesgefühle für Sie hervorzurufen. Das sollten Sie ganz realistisch sehen, denn sonst bleibt der Erfolg aus.

Wenn Sie sich mit dieser Tatsache abgefunden und die Natur und wahre Bedeutung von Liebe verstanden haben, dann werden Sie sich nicht länger dagegen wehren, Ihrem Partner alles das zukommen zu lassen, was er oder sie braucht, um Sie zu lieben.

Wenn Ihr Partner beispielsweise die Hygiene groß schreibt, dann werden Sie sein oder ihr Herz am sichersten dadurch gewinnen, daß Sie Ihren Körper, Ihre Kleidung und Ihre Umgebung mit peinlicher Sauberkeit pflegen. Wenn für Ihren Partner Zärtlichkeit wichtig ist, dann wird er oder sie Sie um so mehr lieben, je mehr Streicheleinheiten er bekommt, indem Sie ihn berühren, kuscheln, seine Hand halten, dicht neben ihm sitzen, ihn herzlich umarmen und Wärme tanken lassen.

Und wie steht es mit Aussehen, Geld, Einkommensverhältnissen und Lebensstil? Lieben wir Menschen etwa, weil sie reich sind, gut tanzen oder ehrlich sind? Das hängt von den Wertmaßstäben des Menschen ab und wie er diese Prioritäten einschätzt. Wenn Ihnen bestimmte Qualitäten wichtig sind, werden Sie natürlich den Menschen lieben, der diese Qualitäten hat oder bei dem Sie sie vermuten. Andere Menschen mögen bessere Charakterzüge haben, doch die werden Sie nicht interessieren, weil sie für Sie keinen Vorrang haben. Das heißt, daß Sie sich natürlich in jemand aus einem reichen Haus verlieben werden, wenn finanzielle Sicherheit und ein aufwendiger Lebensstil zu Ihren Träumen gehören.

Sie können jetzt protestieren und mir vorhalten, das sei kein Zeichen von Liebe, sondern krasser Materialismus. Das würde ja bedeuten, daß Sie nicht den Menschen lieben, sondern sein Geld. Wenn Sie zu diesem Schluß kommen, haben Sie die Bedeutung meiner anfänglich aufgestellten Theorie nicht begriffen. Man liebt andere Menschen nicht bedingungslos, sondern wegen dem, was sie für uns tun, was sie uns geben. Wenn Geld Ihnen wichtig ist, dann ist es nicht nur die Person, die Sie lieben, sondern auch das Geld und die Bereitschaft dieser Person, es mit Ihnen zu teilen. So gesehen kann Geld ein ebenso legitimes Motiv sein, um jemanden zu lieben, wie Aussehen, Ordentlichkeit, sexuelle Vorzüge oder sonst eine Verhaltensweise, auf die Sie Wert legen.

Aber was passiert, wenn sich der Reichtum verflüchtigt? Kann eine Rezession die Liebesgefühle in einer Familie auslöschen? Mit Sicherheit! Die Zuneigung schmilzt ebenso schnell wie das Konto auf der Bank. Und das gleiche trifft auf alle anderen Wunschvorstellungen zu. Je mehr sie befriedigt werden, desto höher lodern Ihre Gefühle. Je mehr Ihnen vorenthalten wird, desto kleiner brennt die Flamme. Wenn Sie sich einen Mann wünschen, der stark ist, Entscheidungen fällt und Sie gegen seine Familie verteidigt, und er schafft das nicht, dann kann ich Ihnen versichern, daß Ihre Gefühle im gleichen Verhältnis abflauen, wie er Sie enttäuscht. Und wenn Sie, mein Herr, von einer Frau mit einer Superfigur schwärmen und Ihre Frau Kilo um Kilo zulegt, dann können Sie sich darauf verlassen, daß die Liebe mit jedem zugenommenen Kilo abnimmt.

Ich weiß, daß das alles andere als romantisch klingt, aber so ist es. So sind die Menschen, ob es Ihnen paßt oder nicht. Sie können einwenden, daß manche Menschen sich keineswegs nur deshalb liebevoll verhalten, weil sie gerade gut behandelt werden. Es gebe ja zahlreiche Beispiele, daß wir andere lieben, ohne auf Gegenliebe zu schielen. Ich bin nicht der Meinung, aber ich spreche ja auch von intimer und nicht von brüderlicher Liebe. *Intime Liebe* ist dem Partner, den Eltern und Kindern, den Verwandten und engen Freunden gewidmet. Diese Menschen beeinflussen unser tägliches Leben enorm, und für sie sind wir zu großen Opfern bereit. Jedenfalls eine lange Zeit. Wenn ich von dem Prozeß der Gegenseitigkeit spreche, dann sind die uns am nächsten stehenden Menschen gemeint.

Nächstenliebe oder humanitäre Liebe ist durchaus ein edles Gefühl, erwartet aber von vornherein keine entsprechende Gegenliebe. Sie mögen zu den großherzigen Menschen gehören, die hungernden Familien in verwüsteten Landstrichen Pakete schicken. Oder vielleicht haben Sie einfach einer Organisation gespendet in der Hoffnung, damit jemandem Tausende von Kilometern entfernt etwas Gutes zu tun. Es kümmert Sie nicht besonders, wer die Betroffenen sind, und Sie erwarten auch keinen Dank per Brief oder Telefon oder sonstwie. Sie haben eine gute Tat vollbracht und freuen sich, daß es Ihnen gutgeht und sie einem weniger Begünstigten etwas abgeben konnten. Die Belohnung ist das Bewußtsein, die Leiden eines Mitmenschen gelindert zu haben.

So drückt sich nicht intime Liebe aus, sondern Fürsorge für den Mitmenschen. Sie verlangt keine Gegenleistung. In gewissem Sinn ist sie edler als intime Liebe, denn bei dieser wird nach einer bestimmten Zeit auch eine Gegenleistung gefordert. Obgleich auch hier die Grenzen fließend sind und es sich nicht immer so auswirkt. Nächstenliebe funktioniert, weil wir gelegentlich etwas für Menschen opfern, die wir nicht kennen. Demzufolge spielt es auch keine Rolle, ob uns das zurückgezahlt wird oder nicht. Würde aber von uns eine regelmäßige Zuwendung, vielleicht sogar eine tägliche, erwartet, dann würden uns die Betroffenen sehr bald nicht mehr als Fremde gelten, denen man spendet ohne Dank, sondern als wichtige Menschen in unserem Leben, von denen uns über kurz oder lang eine Gegenleistung zusteht.

Darin liegt der grundsätzliche Unterschied zwischen der intensiven Liebe für unseren engen Nächsten und der sogenannten Nächstenliebe. Bei ersterer stehen wir in dauerndem Kontakt mit unseren Lieben, während bei letzterer praktisch kein Kontakt besteht. Erstere erfordert häufige und persönliche Opfer, während bei letzterer milde Gaben in unregelmäßigen Abständen genügen.

Ich beharre also auf meinem Standpunkt, daß Sie in den innigen Beziehungen Ihres Lebens dem anderen Menschen sooft und soviel geben, wie es Ihnen behagt, und solange Sie das Gefühl haben, in vernünftigen Grenzen befriedigende Gegenleistungen zu erhalten.

Wie steht es mit unseren Eltern, die nun alt, im Ruhestand oder senil sind und uns nicht die Mühen ihrer Pflege und Sorge vergelten können? Wenn Sie sich an meine Definition von Liebe erinnern, fällt Ihnen auf, daß ich von dem Gefühl für Menschen sprach, die unsere innersten Wunschvorstellungen und Bedürfnisse befriedigen (in der Gegenwart), befriedigt haben (in der Vergangenheit) oder befriedigen werden (in der Zukunft). Wenn wir an die großen Anstrengungen zurückdenken, die unsere Eltern zu unserem Wohl über lange Zeit vollbracht haben, und wenn sie wegen des fortgeschrittenen Alters nicht mehr können, dann statten wir ihnen lediglich jetzt für ihre Opfer während unserer Kindheit den fälligen Dank ab. Also auch hier spielt die Gegenseitigkeit eine große Rolle, denn unsere Dankesschuld beruht darauf, daß wir sie herzlich lieben, weil sie so viel für uns getan haben.

Und wie verhält es sich mit unseren Kindern? Zweifellos übersteigt der Nutzen, den Kinder aus ihren Eltern ziehen, bei weitem den, den Eltern aus ihren Kindern ziehen. Wenn wir also an der Theorie der Gegenseitigkeit festhalten, wie erklären wir dann die Liebe der Eltern zu ihren Kindern?

Der Nutzen, um es so materiell zu formulieren, kommt aus verschiedenen Kanälen. So machen uns Kinder eine riesige Freude und erfüllen unsere innersten Wunschvorstellungen und Bedürfnisse, weil sie unser eigentliches Produkt sind, unsere Gattung bzw. Familie und unseren Namen fortsetzen und uns häufig durch ihre zauberhafte, putzige und anhängliche Art entzücken, auch wenn sie manchmal nicht so reizend sind.

Implikationen der Gegenseitigkeitstheorie

Wenn Sie meinen Gedankengängen so weit gefolgt sind und ihnen noch immer zustimmen, können wir uns weiteren Schlußfolgerungen zuwenden. Sie werden vermutlich wie ich von den Beobachtungen fasziniert sein, die sich aus den Grundlagen dieser Theorie entwickeln. Ich habe Sie gewarnt, daß diese harmlos aussehende Theorie bei näherer Untersuchung und logischer Analyse zu verblüffenden Konsequenzen führt.

Aufgrund dieser Theorie lassen sich beispielsweise Fragen beantworten wie die, ob es jugendliches Strohfeuer gibt, ob sich
Verliebtheit von Liebe unterscheidet und ob die sogenannte
Liebe auf den ersten Blick einen Bezug zur Wirklichkeit hat.
Wenn wir von jugendlichem Strohfeuer oder einer *Schwärmerei*
sprechen, meinen wir im allgemeinen die starken Gefühle Ju-
gendlicher untereinander oder zu einem Erwachsenen. Der
englische Ausdruck »puppylove« bezieht sich direkt auf einen
jungen Hund, also auf etwas Niedliches, das nicht ernst zu
nehmen ist. Die jugendliche Schwärmerei gilt also als etwas
Kurzanhaltendes, Oberflächliches, das sich an den kleinsten
Äußerlichkeiten entflammt. Jedenfalls wird von der Mehrheit
die jugendliche Schwärmerei nicht für »wahre« Liebe gehalten.
Dieser weitverbreiteten Meinung kann ich mich keinesfalls
anschließen. Jugendliche Schwärmerei basiert auf mächtigen
Gefühlen, die von Erwartungen und Erfahrungen einer Person
gegenüber einer anderen angefacht wurden. Eine jugendliche
Schwärmerei kann sehr tief gehen, aufrichtig sein und genauso
weh tun, wenn sie zu Ende geht, wie eine Liebesbeziehung
unter Erwachsenen. Allenfalls läßt sich von dieser Situation
sagen, daß die Kinder halt närrisch, unpraktisch und blind sind.
Keinesfalls kann man behaupten, sie erlebten nicht die Liebe.
Von *Verliebtheit* wird gewöhnlich dann gesprochen, wenn die
Gefühle von 2 Erwachsenen anscheinend oberflächlich und
unbeständig sind. Ich glaube, daß wir diesen Menschen bitter
unrecht tun, wenn wir ihre Beziehung nicht ernst nehmen und
die Stärke ihrer Gefühle verkennen. Ein seit 50 Jahren glücklich
verheiratetes Paar kann sich aus ähnlichen Gründen lieben wie
2 Leute, die sich plötzlich ineinander verschossen haben und
von blinder Leidenschaft besessen sind. Die heftig und lei-
denschaftlich Verliebten haben das gleiche Recht, ihre Beziehung Liebe zu nennen, wie wir alle für unsere Gefühle, weil
nämlich auch sie davon überzeugt sind, im anderen die Erfüllung innerster Wünsche und Bedürfnisse zu finden. Daß sie
sich möglicherweise in einem Irrtum befinden, ist nur traurig.
Das ändert nichts an ihrem Empfinden, am Anfang einer wundervollen Beziehung mit einem anderen Menschen zu stehen.

Nicht selten begegnen wir dieser Verliebtheit bei Erwachsenen in mittleren Jahren, die sich plötzlich heftig für die merkwürdigsten Partner entzünden. Wenn ein 40jähriger Mann mit einem ausgeglichenen Familienleben von heute auf morgen mit einer bedeutend Jüngeren, die 3 Kinder hat, weglaufen will, dann handelt es sich nach Anschauung mancher Leute um einen akuten Fall von Verliebtheit. Wenn wir Verliebtheit so definieren, daß seine Überreaktion auf zarte Gefühle unklug ist und er den Wald vor lauter Bäumen nicht mehr sieht, dann stimme ich zu, daß er unter Verliebtheit leidet. Ihm aber abzusprechen, daß seine sehr starken Gefühle für die andere Frau Liebe sind, hieße, die Liebe mißzuverstehen. Wenn wir jede Liebe in mittleren Jahren als Verliebtheit ohne rationalen Hintergrund abqualifizieren, dann sollten wir mit dem gleichen Recht 95% der Ehen in diese Schublade stopfen. Die allermeisten wurden nämlich in jugendlichen Jahren eingegangen, wo Vernunftgründe kaum eine Rolle spielten.

Liebe auf den ersten Blick ist ein Sonderfall der Verliebtheit. Es überfällt manchmal eine Person mit Macht, ohne daß er oder sie das Objekt seiner Gefühle kennt. Wenn Sie einen Fremden in der anderen Ecke eines überfüllten Zimmers sehen und sich auf die Entfernung verlieben, dann verdienen Sie eine Goldmedaille für Risikofreude. Sie schließen aus den flüchtigsten Indizien, daß der Fremde imstande sein wird, aus Ihnen einen glücklichen Menschen zu machen. Vielleicht sprechen seine Gesten Sie an oder sein Lächeln oder sein Anzug oder seine Haltung; von diesen Äußerlichkeiten schließen Sie auf innere Vorzüge und das, was dieser Mensch für Sie tun kann.

Und doch ist dieses Liebe-auf-den-ersten-Blick-Syndrom eine ebenso echte, aufrichtige und gültige Liebeserfahrung wie Schwärmerei und Verliebtheit, denn sie geht auch davon aus, daß der andere Mensch die innersten Wunschvorstellungen erfüllen kann.

Vielleicht wird bei der Liebe auf den ersten Blick am deutlichsten, wie wenig man sich Rechenschaft über eigene Grundbedürfnisse ablegt. Es ist also kein Wunder, wenn sie manchmal erstaunlich gut ausgeht, manchmal aber auch zu einem absoluten Fiasko führt. Ich hege allerdings den Verdacht, daß letzteres häufiger eintritt.

Eine weitere Konsequenz aus der Gegenseitigkeitstheorie der Liebe ist, daß Sie zu Recht von Ihrem Partner die notwendigen *Verhaltensänderungen* erwarten können, um Ihre innersten Bedürfnisse zu befriedigen. Obgleich Sie einen Menschen geheiratet haben mögen, dessen feste Gewohnheiten Ihnen vor 5 Jahren gefielen, sollten Sie nicht nach Entschuldigungsgründen suchen, wenn Ihnen diese Gewohnheiten jetzt nicht mehr passen und er sie deshalb ändern muß. Der Gedanke, daß man von einem Partner oder einer Partnerin kein verändertes Verhalten verlangen darf, ist Unsinn. Warum sollten wir denn störende Gewohnheiten stillschweigend akzeptieren? Sind wir denn so verbohrt, daß wir meinen, uns klaglos mit einer Situation abfinden zu müssen, die uns krank macht? Wenn Sie mit der Frage konfrontiert werden, warum er oder sie Sie nicht nehmen kann, wie Sie sind, sollten Sie entgegnen: »Weil ich dich so nicht mag. Es macht mich unglücklich, wenn du so mit mir umgehst. Vor Jahren hat mich dieses Verhalten nicht gestört, aber ich habe mich verändert und kann es nicht mehr ertragen.«

Warum sollten Sie sich nicht auch verändern? Wie ich im 1. Kapitel ausführte, bleibt niemand in der Entwicklung stehen, und wir alle wandeln uns von Monat zu Monat und von Jahr zu Jahr. Wer meint, die Erde stünde still und die Menschen blieben unwandelbar die gleichen wie bei der ersten Begegnung, tickt nicht richtig. Daß wir voneinander immer wieder neue Entwicklungen erwarten, ist so natürlich wie Sonne im Mai.

Um aber ein weiteres Vorurteil auszuräumen: Nicht Sie können Ihren Partner ändern, sondern Sie können nur dafür sorgen, daß er es selbst will und tut. Darum muß ich mich immer wieder wundern, wenn sich meine Patienten dafür entschuldigen, daß sie ihre Partner unter Druck setzen wollen.

Wenn Sie meiner Definition von Liebe zustimmen, wird Ihnen der nächste Punkt einleuchten: *Liebe muß im allgemeinen verdient werden.* Nur Kinder, Haustiere und senile Eltern sind von dieser Anforderung befreit. In den allermeisten anderen Fällen

entströmen uns Liebesgefühle erst dann, wenn wir zufriedenge-
stellt oder angenehm berührt sind. Es ist ein Wohlbehagen, das
uns der andere vermittelt. Der andere ist nicht die direkte
Ursache, aber wir gestatten uns das warme Gefühl, nachdem
uns bewiesen wurde, wie ungeheuer wichtig wir für ihn oder sie
sind. Dann lassen wir die positive Wirkung in der Situation, die
das Verhalten des anderen geschaffen hat, zu.

Deshalb ist es auch falsch, von anderen zu fordern, geliebt zu
werden. Was Sie eigentlich verlangen, ist ein bestimmtes Verhalten des anderen, das Ihnen über die Maßen gefällt und Sie
dazu bringt, den Spender zu lieben. Sie bekommen Liebe also
nicht, sondern erschaffen sie tief in Ihrem Inneren, nachdem
jemand an Ihren Grundbedürfnissen gerührt hat. Es ist einer-
seits die Handlung, die uns zugewendet wird, und andererseits
das Gefühl, das wir erleben. Mit diesem Gefühl und unserer
Freundlichkeit wiederum belohnen wir den anderen, so daß er
sich zuinnerst verstanden und geschätzt fühlt und Liebesgefühle bei ihm entstehen können.

Die nächste Konsequenz aus der Gegenseitigkeitstheorie der
Liebe ist, daß *verschiedene Leute etwas anderes unter Liebe verstehen*. Was dem einen gefällt, ist für den anderen Gift, und was für
den einen als Liebesbeweis gilt, mag für den anderen nur wenig
Bedeutung haben. Wenn Sie geliebt werden wollen, ist es von
größter Wichtigkeit zu verstehen, was den anderen glücklich
macht. Dabei sollten Sie nicht nur von Ihrer Vorstellung von
Glück ausgehen, sondern herauszufinden versuchen, wie Glück
in seinen oder ihren Augen aussieht.

Ein typisches Beispiel für die Kluft zwischen Wunsch und
Erwartung ist ein geschenkter Blumenstrauß. Männer wehren
sich oft dagegen, mitgebrachte Blumen als einen Ausdruck
ihrer Liebe zu betrachten. Und da ich ein Mann bin, verstehe
ich ihren kühl-sachlichen, vernünftigen und praktischen Standpunkt völlig. Sich Blumen als Zeichen der Zuneigung zu wünschen, wie Frauen es tun, ist offensichtlich lächerlich, weil sie in
ein paar Tagen welken, nicht billig sind und außerdem von dem
Gebenden keine Leistung außer dem Griff zum Geldbeutel
verlangen. Ein Mann, der seiner Frau treu ist, hart arbeitet und

für den Lebensunterhalt sorgt, der ihr die Freiheiten gestattet, die sie sich wünscht, beweist ihr doch hundertmal mehr Zuneigung und Liebe, als es drei Dutzend langstielige Rosen zeigen könnten. So meint er jedenfalls.

Aber wir sprechen gerade nicht davon, was der Mann braucht, um sie zu lieben, sondern was bei ihr Liebesgefühle hervorruft. Und wenn das langstielige Rosen sind, dann sind es eben langstielige Rosen. Und selbst, wenn Sie sie in diesem Punkt für närrisch halten, für kindisch, romantisch, unpraktisch und von Liebesromanen benebelt, spielt das keine Rolle. Wenn sie Blumen als Liebesbeweis ansieht, dann sollten Sie das akzeptieren und ihr genau das schenken.

Aus all dem hat sich herauskristallisiert, daß die Liebe uns nicht untätig in den Schoß fällt, sondern erarbeitet und verdient werden muß. Auch wenn wir in unseren süßen Pudel oder unseren Wellensittich verliebt sind, ohne viel zu erwarten, so trifft das für Erwachsene nicht zu. Sie sollen uns bis zu einem gewissen Grad unsere Wunschvorstellungen erfüllen. Diese Erkenntnis über die menschliche Natur ist nicht gerade schmeichelhaft.

Der Gedanke, sich die Liebe eines anderen Menschen erst verdienen zu müssen, wird einem reifen Erwachsenen nicht abwegig erscheinen. Er hat ungesagt begriffen, daß die Beziehungen zu Mitmenschen einseitig nicht funktionieren können. Nur unreife und verwöhnte Menschen machen sich keine Gedanken darüber, daß ihnen die Bemühungen von anderen nicht einfach zustehen.

Schlagen Sie sich die Idee aus dem Kopf, Sie hätten ein Recht auf Liebe, Gerechtigkeit, Arbeit, Sicherheit und so weiter. Wenn Ihnen all das in den Schoß fällt, ist es wunderbar, und Sie sind zu beneiden. Dann haben Sie Glück gehabt. Es liegt einem unreifen Menschen fern, sich Gedanken darüber zu machen, ob und wie er die Wohltaten seiner Nächsten vergelten kann.

Anhand dieses Kriteriums können Sie bei Ihrem Partner sehr schnell feststellen, ob er eine gewisse Reife erlangt hat. Wenn er oder sie jedesmal vor Empörung an die Decke geht, wenn Sie um eine kleine Gefälligkeit bitten, nachdem Sie sich für ihn oder sie überschlagen haben, dann haben Sie sich keinen Partner, sondern ein Kind angeschafft. Menschen, die immer ihren Kopf durchsetzen wollen und mit Verbitterung, Zorn oder Schmollen reagieren, wenn das einmal nicht klappt, sind noch sehr unreif und kindisch.

Eine Feststellung höre ich häufig von meinen Patientinnen und Patienten, nämlich, daß sie ärgerlich oder zornig werden, wenn sie meinen, ausgenutzt zu werden, aber auch, wenn sie glauben, den Partner zu benutzen. Der Gedanke, einen anderen Menschen für eigene Zwecke zu mißbrauchen, erscheint uns offensichtlich so wenig akzeptabel und schmeichelhaft, daß wir ihn automatisch leugnen oder sofort mit dem aufhören, was als Ausnutzen gelten könnte.

Aber ist es nicht gerade das, was sich laufend zwischen Menschen, die sich lieben, abspielt? Natürlich benutzen wir einander. Ich habe Wünsche und Bedürfnisse, die ich nicht allein befriedigen kann, und deshalb bin ich an einer Beziehung zu einem anderen Menschen interessiert. Ich verspreche mir von ihm oder ihr die Erfüllung meiner Wunschvorstellungen. Ich verwende also die Fähigkeiten, Interessen, Talente, finanziellen Möglichkeiten, äußerlichen Vorzüge oder was ich sonst brauche dazu, ein glücklicherer Mensch zu werden. Und das gleiche geschieht in bezug auf mich, denn auch ich besitze bestimmte Wesenszüge und Eigenschaften, von denen der andere profitiert und die ihn glücklicher machen.

Es gibt nur wenige Beziehungen, die nicht von Natur aus auf Gegenseitigkeit beruhen. Dieses Gleichgewicht von Geben und Nehmen ist lediglich dann ausgeschaltet, wenn einer in einer Beziehung immer nur nimmt, aber nichts gibt. Wenn man jemandem hilft, der nicht imstande ist, Gefälligkeiten zu erweisen, für die Leistungen zu bezahlen oder seinerseits auszuhelfen, dann handelt es sich um eine einseitige Beziehung, um die Ausnahme der Gegenseitigkeitsregel.

Wenn Sie den guten Samariter spielen, einen Verletzten auf der Straße auflesen und ihn ins nächste Krankenhaus bringen wollen und dann ohne ein Dankeschön ins Abendrot hineinfahren, ist das sehr edel. Das Bewußtsein einer guten Tat reicht Ihnen in diesem Fall als Belohnung. Hier handelt es sich aber wieder um die bereits erwähnte brüderliche Liebe. Wenn eine Beziehung jedoch auf großer Nähe und häufigen Begegnungen basiert, wächst unser Eigennutz, und wir wollen nicht immer nur die Gebenden sein. Wir wollen auch etwas bekommen. Das ist nicht anders zu erwarten.

Hören wir also damit auf, Schuldgefühle zu produzieren, nur weil wir einander benutzen. Natürlich benutzen wir uns. Ich benutze die Fähigkeiten meiner Assistentinnen, und sie benutzen mich als Brötchengeber. Ich benutze meinen Lebensmittelhändler, weil er mir die Nahrung verschafft, und ich verhelfe ihm dafür zu seinem Lebensunterhalt. Wir benutzen unsere Nächsten bei hundert Kleinigkeiten und erweisen ihnen hundert Gefälligkeiten zum Ausgleich. Es ist deshalb absurd, sich billig oder minderwertig zu fühlen, wenn man nur deshalb bei einem Partner oder einer Partnerin bleibt, weil man sie benutzen kann. Gebraucht wollen wir doch alle werden – der Mißbrauch fängt da an, wo Gegenleistungen über längere Zeit ausbleiben.

Die Geschäftstheorie der Ehe

Ehen werden von 2 Individuen geschlossen, die meinen, überdurchschnittlich gut zusammenzupassen und miteinander glücklich sein zu können, so daß eine Institutionalisierung ihrer Bindung nur logisch erscheint. Warum sollte man einen wundervollen Menschen aus dem eigenen Leben verschwinden lassen, wenn die Beziehung mit Bemühungen und Hingabe zu einer lebenslangen Partnerschaft führen kann?

Anstatt also eine Münze hochzuwerfen, um festzustellen, wer zu wem zieht, hat die komplexer werdende Zivilisation die Einrichtung der Ehe geschaffen. Die beiden Liebenden manifestieren dadurch das Bewußtsein, sich fest zueinander bekannt zu haben und juristische Verpflichtungen eingegangen zu sein, die bei einer losen Bindung nicht existieren. Dafür werden sie als Paar von den Freunden und der Gesellschaft anerkannt und unterstützt. Dieser Zusammenschluß ist also ein ernstes Geschäft, denn über kurz oder lang gehören noch andere Menschen dazu und ein Besitz. Da einiges also auf dem Spiel steht, ist es nur vernünftig, die Beziehung zu legitimieren.

Wenn im weiteren von Ehe gesprochen wird, sind auch Ehen ohne Trauschein gemeint; Kriterium ist allerdings die Absicht einer festen und dauerhaften Bindung.

Für die Frau ist das ein Schritt von besonderer Tragweite. Wenn sie sich vor Gott und den Menschen zu ihrem Partner bekennt, in guten und in schlechten Zeiten, hängt sie von der Fürsorge ihres Mannes besonders bei großer Schutzbedürftigkeit (während der Schwangerschaft und der Kindererziehung) ab. Sie tut gut daran, für die Garantie zu sorgen, daß sie nicht leichtfertig während dieser kritischen Perioden sitzengelassen wird. Wenn sie sich bereitwillig in die schwache Position der Nachwuchspflege begibt, muß sie die Gewähr dafür haben, daß sie nicht am Hungertuch nagen, daß sie die Kinder nicht weggeben oder den Unterhalt durch Prostitution verdienen muß. Es ist also eine Frage von Intelligenz und gesundem Urteilsvermögen, wenn bei ihrer Entscheidung der Verstand eine größere Rolle spielt als das Herz; und um die Zukunft abzusichern, sind einige harte, geschäftsmäßige Entscheidungen fällig.

Der Mann schuldet der Frau gewisse Garantien, denn wenn sie Kinder wollen, ist sie diejenige, die Schwangerschaft, Geburt und in den meisten Fällen auch die Erziehung übernehmen muß. Das bedeutet den Verzicht auf viele eigene Karrierepläne, denen sie mit Vergnügen und oft beträchtlichem finanziellen Erfolg nachgehen könnte, wenn sie nicht für sich und den Mann Kinder aufziehen würde. Als Hausfrau und Mutter erhält sie keinen vergleichbaren Lohn, von dem sie ein eigenes Leben führen könnte. Das ist die unausgesprochene Übereinkunft bei vielen Eheschließungen, wenn Kinder gewünscht werden. Die Frau hat also *ebensoviel Anrecht auf sein Einkommen* wie er, weil sie wegen der gemeinsamen Familie auf eine eigene Berufsausübung mit unabhängigem Einkommen verzichtet. Auf jeden Fall muß sich ein Paar darüber einigen, wie die Pflichten des gemeinsamen Lebens verteilt werden, damit die Frau später in der Praxis nicht einer Dreifachbelastung als Hausfrau, Mutter und Berufstätige ausgesetzt ist.

Die männliche Einstellung, daß die Frau zwar für Nachwuchs und das Familienleben sorgen und sich Gedanken an eine eigene Karriere aus dem Kopf schlagen muß, er aber über sein Einkommen allein verfügt, ist absolut ungerecht. Es erstaunt mich immer wieder, wie wenige Frauen ihr moralisches und juristisches Anrecht an seinen Einkünften begriffen haben. In Hunderten von Gesprächen erfuhr ich, daß die Frauen weder wissen, wieviel ihre Männer verdienen, noch ein Mitsprache- recht beim Kauf des nächsten Autos haben. Sie finden sich damit ab, daß der Mann über das Geld, für das er arbeitet, verfügt und ihr ab und zu großzügig etwas für die Lebensmittel oder ein neues Kleid abgibt. Diese Art von Chauvinismus ist abscheulich, aber viel zu viele Frauen lassen sich ihn gefallen.

Eine Frau in einer solchen Lage hat sich unter Preis verkauft. Sie unterschätzt ihren Wert. Sie hat nämlich aus zwei weiteren Gründen das Verfügungsrecht über das Familienvermögen.

Zum einen verdient sie jeden Pfennig durch ihre Dienstleistun- gen für sein Wohl und das der Kinder. Die Frauen, die sich mit Konfekt mästen und den ganzen Tag vor dem Fernseher hok- ken, sind selten. Die durchschnittliche Hausfrau arbeitet schwer, ist für eine Vielzahl von Dingen verantwortlich und führt ein ziemlich abgeschiedenes und langweiliges Leben, was Haus- männer durchaus bestätigen. Vollblütige Ehemänner, die das nicht glauben, seien hiermit herzlich eingeladen, nur 2 Wochen lang das Haus (gut!) zu versorgen, während die Gattin sich im Süden sonnt. Das würde ohnehin keinem der angeblich im Haushalt so hilfsbereiten Männer schaden, weil sie dann am eigenen Leib erführen, wie schwer man den Kindern und Haus- tieren, der Wäsche, dem Einkaufen und Kochen, dem Sauber- machen und so weiter gerecht wird.

Der 2. Grund, warum den Frauen ein gleicher Anteil am Fami- lieneinkommen gebührt, ist der, daß sie wie oben beschrieben stets die Ärmel aufkrempeln und die niedrigen Arbeiten verse- hen müssen; falls sie nicht streiken, kommen ihre innersten Wünsche und Bedürfnisse sträflich zu kurz. Es ist schon komisch, wie der gleiche Mann, der freiwillig als Streikposten für seine Forderungen in der Fabrik kämpft, zu Hause den Chef herauskehrt und auf keine der begründeten Forderungen seiner Frau eingeht, die sie in der Rolle des Arbeiters stellt. Anscheinend gelten für uns verschiedene Dinge als richtig oder falsch, je nachdem, ob wir am gebenden oder nehmenden Ende stehen.

Auch wenn Ihnen der Gedanke nicht behagt, ist es von grundsätzlicher Bedeutung, *die Ehe als Geschäftsunternehmen zu betrachten,* aus dem die beiden Partner ein vernünftiges Maß an Glücksgewinn erzielen sollten, wenn sie den Betrieb nicht in den Ruin treiben wollen. Eine Firma wird nicht erfolgreich tätig sein, wenn nicht Führung und Angestellte ihren Anteil am Erwirtschafteten für fair halten; und wenn nicht die gleichen Bedingungen herrschen, wird eine Ehe es auch nicht überleben. Deshalb ist es nicht abwegig, die Ehe als gemeinsames Unternehmen zu betrachten, bei dem beide ihre Kräfte vereinen, aber nicht als Chef und Abhängige, sondern als Gleichberechtigte. Der Ehe geht es nicht anders als der Firma Schmidt & Co. – wenn sie Gewinn bringt, sind alle glücklich. Auf der Habenseite der Ehe steht die Zufriedenheit und auch, wie bei der Firma, das Geld. Rote Zahlen dagegen zeigen ein Defizit, einen Zustand, wo die Schulden die Guthaben übersteigen, auf die Ehe übertragen Unglücklichsein. Die Parallelen zwischen Ehe und Geschäft gehen weiter. Wenn Ihnen Ihr Job nicht paßt, kündigen Sie; in der Ehe heißt das Trennung bis hin zur endgültigen Scheidung.

Meiner Erfahrung nach ergeben sich in den Ehen weniger Schwierigkeiten, wenn die Partner vorher die Bedingungen geklärt haben. Ist diese Absprache nicht derjenigen unter Geschäftsfreunden ähnlich? Wenn ein Paar sich darüber einigt, jeden Monat einen bestimmten Betrag für ein Haus zurückzulegen, erst in 3 Jahren Kinder zu bekommen, das Weihnachtsfest abwechselnd bei den Eltern und Schwiegereltern zu verbringen und so weiter, wird es vermutlich weniger Reibereien erleben als ein Paar, das nicht vorausgeplant hat.

Auch das *Verhalten bei Krisen* ist in der Ehe nicht viel anders als im Geschäftsleben. Wenn ein Arbeitgeber mit einem oder einer Angestellten unzufrieden ist, ermahnt er sie, nicht so oft zu spät zu erscheinen, die Frühstückspausen nicht auszudehnen oder sorgfältiger zu arbeiten. In einer Ehe kommt das Gespräch auch häufig auf Verhalten, das den anderen stört und das er oder sie gern geändert sähe. Er legt vielleicht auf mehr Ordnung Wert, und sie meint, er solle den Kindern mehr Zeit widmen.

Wenn dieser Vergleich von Berufs- und Eheleben Sie noch nicht überzeugt hat, dann bedenken Sie die in beiden Bereichen auf dem Spiel stehenden hohen Geldbeträge ebenso wie die praktische Organisation und juristische Absicherung. Ich darf noch daran erinnern, daß die Eheschließung jahrhundertelang nichts mit Liebe zu tun hatte, sondern die Rechte und Besitzverhältnisse in den Familien, Stämmen und Ländern regelte. Das drückte sich in Mitgift und Gegengaben von Vieh aus.

Ihnen behagt der Gedanke nicht, daß die Ehe ein Geschäftsunternehmen ist? Es klingt natürlich etwas brutal. Aber wenn Sie die Blümchen und rosa Wolken wegnehmen, bleibt ein recht hartgesottener Handel übrig. Wenn Sie das nicht glauben wollen, dann sollten Sie mal in meiner Sprechstunde Mäuschen spielen, wie sie ihren Mann oder er seine Frau vor dem Scheidungsrichter ausziehen will. Und um was wird da erbittert gestritten? Um das Sorgerecht für die Kinder, um Unterstützung und Unterhalt, um Zugewinn und wer welche Möbel, das Haus oder den Wagen bekommt. Das hat nichts mit Liebe zu tun, nur noch mit Geld.

Die Vorstellung, daß die Ehe ein von Liebe begleitetes Geschäft ist, fällt den Männern vermutlich schwerer als den Frauen. Mir scheint, als hätten Frauen den praktischen Erwägungen und finanziellen Bedingungen einer Ehe immer mehr Aufmerksamkeit gewidmet. Deshalb halte ich den Mann für romantischer. Wenn er sich verliebt, zieht er geschäftliche Grundlagen weniger in Erwägung als die Frau. Was er sich auch eher leisten kann, weil er in der Regel der Verdiener ist.

Das ist wahrscheinlich auch der Grund, warum Männer sich schneller verlieben. Und wenn sie einen Heiratsantrag machen, dann denken sie im allgemeinen an Sex, an ein Heim und eine

Familie. Ihm gefällt ihr Aussehen und ihre Figur und daß man anscheinend gut mit ihr auskommen kann. Was soll ein Mann sonst in Betracht ziehen, wenn er einen Heiratsantrag macht? Für ihn stellt sich gar nicht die Frage, ob sie in der Lage sein wird, ihn zu ernähren. In den letzten 100 Jahren war das jedenfalls keine Überlegung wert. Er braucht nicht daran zu denken, ob sie bei ihm bleiben wird, wenn er schutzbedürftig oder schwanger wird. Junge Männer machen sich keine Gedanken, daß sie sterben oder erwerbsunfähig werden könnten. Kurz gesagt erwartet er von ihr nicht viel. Er begehrt sie. Und für sich kann er den Rest seines Lebens allein sorgen.

Für die Frau ist es eine andere Sache. Es wäre dumm von ihr, nicht eine Reihe von praktischen und geschäftlichen Erwägungen anzustellen. Bei ihren Töchtern finden das die meisten Eltern in Ordnung. Was sind ihre ersten Fragen, wenn ein junges Mädchen einen jungen Mann nach Hause mitbringt, an dem es interessiert ist? Natürlich wollen sie sich überzeugen, daß er nicht gerade häßlich und unbeholfen ist, daß er Charakter und Intelligenz mitbringt und weder ein Säufer noch ein Raufbold ist. Aber ganz sicher wollen sie wissen, was für eine Ausbildung und Arbeitserfahrung er hat, welche Fähigkeiten er besitzt und ob er verantwortungsbewußt und strebsam ist. Warum aber interessieren uns solche Auskünfte bei einem Mann viel mehr als bei einem Mädchen? Weil von ihm im allgemeinen erwartet wird, daß er das Geld heranschafft. Früher oder später wird er für den Lebensunterhalt sorgen, während die Frau zu Hause bleibt und die Kinder aufzieht.

Obgleich inzwischen eine Reihe von Frauen mehr verdienen als ihre Männer und es auch schaffen, die Kinder neben einer eigenen Berufstätigkeit zu erziehen, trifft die vorangegangene Behauptung auf die meisten Frauen in aller Welt zu. Sie sind in der Ehe davon abhängig, daß ihr Mann die Brötchen verdient. Es ist für sie natürlich und auch klug, ihn genau in Augenschein zu nehmen, nicht nur seinen Sexappeal, sondern seine Fähigkeiten, ein guter Vater zu werden und ein aufmerksamer Ehemann, sich nicht zu häufig zu besaufen und ihr ganz allgemein ein Leben zu bieten, wie sie es sich vorgestellt hat. Nicht umsonst sind die am meisten begehrten Junggesellen die, die eine gute Ausbildung, vielversprechende Positionen und ein wachsendes Bankkonto haben. Stellen Sie sich vor, in der Stadt würden 2 Wettbewerbe veranstaltet, bei denen es zum einen um die Wahl des begehrenswertesten Junggesellen und zum anderen des betörendsten Mädchens ginge. Welche Bilder haben wir beim einen und beim anderen im Kopf? Legen wir an beide die gleichen Maßstäbe an? Beileibe nicht. Der Sieger bei den Männern muß einer sein, der vor Geld stinkt, vor Charme platzt, wie ein Filmstar aussieht, sich wie ein Dreßman kleidet und vor allem einer Frau einen Lebensstil bieten kann, von dem sie bislang nur geträumt hat. Aber in der Wertskala der Frauen wäre kein Hinderungsgrund, wenn er kahlköpfig und nicht besonders gut aussehend wäre, dafür aber ein freundliches Wesen und ein gerüttelt Maß an finanzieller Sicherheit zu bieten hätte.

Dagegen müßte die begehrenswerteste Frau die Kurven an den richtigen Stellen, eine wallende Mähne und blitzende Zähne haben und aussehen, als sei sie einer Badeseifenreklame entsprungen. Reichtümer müßte sie nicht haben, aber die richtige Persönlichkeit und den richtigen Charakter. Wenn sie also eine gute Figur und Spaß am Sex hat, hat sie ihn bereits für sich eingenommen.

Deshalb behaupte ich, daß der Mann der größere Romantiker ist. Sein Herz und seine Seele hängen an den körperlichen und gesellschaftlichen Vorzügen, die ihm eine Frau bietet. Sie dagegen verliert die materiellen Vorzüge neben der Liebe, die sie empfindet, nicht aus den Augen. Also ist sie die Praktischere, er der Verträumtere.

Noch eine Warnung und eine Entschuldigung. Diese Feststellungen über die weibliche Mentalität sind nicht als Kritik zu verstehen, sondern eher als Gebrauchsanweisung. Desgleichen behaupte ich nicht, daß der Mann länger romantisch ist als die Frau. In Wirklichkeit lassen bei ihm nach den Flitterwochen die rosaroten Gefühle schnell nach, während sie bei ihr zunehmen. Die Waagschalen kippen dann; sie faßt zu ihm als Menschen eine immer stärkere Zuneigung, während seine Interessen materialistischer werden und er sich lieber mit anderen Leuten vergnügt als mit seiner Frau.

Kurz nachdem ich diese Beobachtungen zu Papier gebracht hatte, kam eine Frau zu mir, die gerade einen Streit mit dem Mann gehabt hatte, mit dem sie zusammenlebte. Sie war von ihm finanziell abhängig und deshalb schwer erschüttert, daß er sie aufgefordert hatte, ihre Sachen zu packen und auszuziehen. Sie wurde mit dem plötzlichen Umschwung ganz gut fertig und hatte auch genügend Mittel, um die nächste Zeit zu überbrücken. Ohne daß ich danach gefragt hätte, erklärte sie, daß sie nun verstünde, warum viele Frauen die Ehe einer freien Partnerschaft vorziehen. »Sonst hat man als Frau gar keinen Schutz, wenn man sich von einem Typ trennt. Als Verheiratete steht einem wenigstens das Sorgerecht für die Kinder, ein Anteil an der Altersversorgung und möglicherweise Unterhalt zu. In meinem Alter macht es einen Riesenunterschied, wenn man so plötzlich auf die Straße gesetzt worden ist.«

Mich wunderte nur, daß sie als intelligente Frau nicht ein paar Jahre früher darauf gekommen war. Ich vermute daher, daß sie im Grunde ihres Herzens genauso romantisch war wie die Männer, die ich zuvor beschrieben habe. Ihr war der Sinn für das Praktische abhanden gekommen, den ihre Geschlechtsgenossinnen durchaus haben, und die böse Erfahrung hatte sie mit der Nase darauf gestoßen, was wirklich hinter Liebe und Ehe steckt.

Leuchtet Ihnen jetzt ein, warum ich die Ehe als ein von Liebe begleitetes Geschäft bezeichne? Können Sie sich jetzt mit dem Gedanken anfreunden, daß der Trauschein eine durchaus mit anderen Verträgen vergleichbare Abmachung darstellt? Sofern die Bedingungen des Vertrags nicht eingehalten werden, zerbricht die Beziehung, gleich welchen Inhalts sie ist.

Ich meine also, daß eine auf gut organisierten Geschäftsgrundlagen geführte Ehe länger halten und mehr romantische Gefühle hervorbringen wird als eine, die auf rosa Wolken baut, nie auf den Boden der Tatsachen kommt und sich mit dem praktischen Alltagsleben auseinandersetzt. Ein solches Paar wird immer hysterischer, gereizter und neurotischer reagieren und sich schließlich fragen, wo, zum Teufel, ihr wundervoller Traum geblieben ist.

Gesunde Gründe für eine Eheschließung

Wenn Sie meiner These zustimmen, daß die Menschen heiraten, um bis zu einem vernünftigen Grad ihre innersten Wunschvorstellungen und Bedürfnisse befriedigt zu bekommen, dann müssen wir als nächstes gründlich untersuchen, wie denn diese Grundbedürfnisse aussehen, wegen derer wir heiraten.

Meinen Erfahrungen nach existieren 4 gesunde und stichhaltige Gründe für eine Eheschließung und 9 ungesunde. Betrachten wir zuerst die vernünftigen Gründe:

Geselligkeit und Freundschaft

Ein Partner sollte gleichzeitig der beste Freund – die beste Freundin – sein, jemand, mit dem Sie über wirklich alles reden können und bei dem oder bei der Ihnen der Gesprächsstoff tage- und nächtelang nicht ausgeht. Er müßte ein Mensch sein, in dessen Gegenwart Sie sich so wohl fühlen wie in ausgelatschten Schuhen. Warum sollte man einen solchen Menschen aufgeben und ohne Widerstand aus dem Leben verschwinden lassen? Im Gegenteil, wenn man einen guten Freund hat, dann tut man, was man kann, um diese Beziehung zu kultivieren und sooft wie möglich die Gesellschaft dieses Freundes oder dieser Freundin zu genießen.

Ein sicheres und bequemes Sexualleben

Kein Anlaß, über dieses Motiv die Nase zu rümpfen. Sex ist die einmalige Komponente in einer Liebesbeziehung, die sie von anderen Beziehungen abhebt. Sexuelle Befriedigung ist ein wichtiger Bestandteil unseres Lebens bis ins hohe Alter. Die meisten Menschen heiraten in dem Bewußtsein, daß sie mit Vergnügen und Lust miteinander schlafen und den Orgasmus erreichen werden. Wenn es im Bett nicht klappt, bringt das eine Menge Streß in die Beziehung.

Wenn Sie Ihr am Altar gegebenes Wort gehalten haben und nicht fremdgegangen sind, brauchen Sie sich über die Geschlechtskrankheiten und AIDS nicht den Kopf zu zerbrechen. Vielleicht hat die Angst vor der Ansteckung zu mehr Treue geführt als viele Vorhaltungen.

Ein sicheres und beiderseitig befriedigendes Sexualleben wird sich eher bei einem verheirateten Paar einstellen, das offen über seine Wünsche und Probleme spricht und sich aufeinander einstellt, als bei mehr oder minder häufig wechselnden Partnern. Es dauert seine Zeit, bis man intim miteinander vertraut ist und einen eigenen Stil gefunden hat. Wenn erst einmal die beiderseitig bevorzugten Praktiken und Einstimmungen gefunden sind, haben wir eine Ausgangsbasis für viele Jahre angenehmer Bettbeziehungen, mit denen ja auch Differenzen ohne viele Worte ausgeglichen werden können.

Das Aufziehen von Kindern

Verschiedene Gesellschaftssysteme haben in die traditionelle Weise, eine Familie zu gründen und aufzuziehen, eingegriffen. Bei den Chinesen gab es Gemeinschaftseinrichtungen, die Israelis haben ihre Kibbuzim. Mir scheint, daß diese Methoden einem normalen Familienleben nicht viel voraus haben. Die Kinder werden vielleicht selbständiger und leiden nicht unter gestörten Eltern, wenn sie in jungen Jahren für längere Zeitabschnitte von ihnen getrennt erzogen werden. Bei normalen, ausgeglichenen Eltern aber erfährt ein Kind immer noch mehr Pflege und Zuwendung und vermutlich auch Förderung als in Erziehungsinstitutionen.

Läßt man einmal die pädagogischen Erwägungen über positive Einwirkungen auf die Kinder beiseite, bleibt die Feststellung, daß es viel Freude macht und die Erlebniswelt erweitert, die eigenen Kinder heranwachsen zu sehen. Eltern zu werden heißt, das eigene Leben noch einmal zu erfahren. Um der Kinder willen auf manches zu verzichten, lehrt Geduld, Ausdauer und Verständnis. Es mag den Kindern guttun, von den Eltern aufgezogen zu werden, aber es bekommt den Eltern auch hervorragend, sich bei der Erziehung über die eigenen Lebensziele klarzuwerden. Es ist eine Erfahrung, die Wachstum, Reife und Erfüllung mit sich bringt.

Ein besonderer Lebensstil

Wenn eine Frau heiratet, dann bedeutet das für sie in den meisten Fällen, daß sie von dem Mann finanziell abhängig ist und sein Beruf also eine große Bedeutung hat. Das heißt nicht, daß auch sein Leben von der Frau, die er heiratet, betroffen ist. Eine Frau, die einen Professor heiratet, wird ein anderes Leben führen als die Ehefrau eines Arztes oder Maurers.

Der Lebensstil eines Paares richtet sich zum großen Teil nach beider Verdienst, ihrem Bildungsgrad und ihren gesellschaftlichen Fähigkeiten. Eine meiner Patientinnen heiratete einen Vertreter, der viel unterwegs war. Da sie beide keine Kinder wollen, kann sie ihn auf seinen Reisen begleiten, viele interessante Orte kennenlernen, häufig in exklusiven Restaurants mit ihm speisen und sich elegant kleiden. Ihr gefällt dieses Leben und ihm auch. Sie kann sich ein anderes Leben als mit einem Geschäftsmann nicht vorstellen, der immer gepflegt auftritt und sie in die Kreise anderer erfolgreicher Geschäftsleute und ihrer Frauen einführt. Am Rand der Stadt bewohnen die beiden ein hübsches Haus, und sie bekommt alle 2 Jahre einen neuen Wagen. Sie könnte gar nicht glücklicher sein.

Ungesunde Gründe für eine Eheschließung

Es gibt Dutzende von schlechten Gründen, aus denen Menschen heiraten, und sie alle zu beschreiben führt zu nichts. Beschränken wir uns auf die am meisten verbreiteten, die mit Sicherheit zu gestörten ehelichen Beziehungen führen.

Angst vor Unabhängigkeit und Alleinsein

Wer sich in eine Ehe flüchtet, weil er allein nicht zurechtkommt, heiratet aus dem falschen Grund. Junge Menschen sollen erwachsen werden, ihre Fähigkeiten auf die Probe und sich auf eigene Beine stellen. Sie tun sich nichts Gutes, wenn sie dieser Erfahrung ausweichen und sich nicht zutrauen, aus eigener Kraft zu leben und sich zu erhalten. Wenn sie an sich so zweifeln, gestatten sie sich den Ausweg, sich heftig zu verlieben.

Ich verwende absichtlich das Wort »gestatten«, denn wenn wir uns verlieben, dann lassen wir bei uns dieses Gefühl zu. Es wird uns nicht aufgezwungen, sondern wir gestatten es uns, leisten es uns, steigern uns hinein, wenn uns eine solche Emotion bequem erscheint. Der bequemste Zeitpunkt scheint uns der zu sein, wenn uns die Trennung von der elterlichen Unterstützung bevorsteht, die wir während des Heranwachsens erfahren haben.

Muß man sich dann wundern, wenn Oberschüler kurz vor oder nach ihrer Abschlußprüfung heiraten? Sie tun es aus mangelnder Selbständigkeit, aus Angst vor dem Alleinsein und weil sie sich an jemand anlehnen wollen, der stärker ist und ihnen die Entscheidungen abnimmt. Menschen, die nie einige Jahre der Unabhängigkeit erlebt haben, werden in späteren Jahren bereuen, sich zu früh gebunden zu haben.

Um einen Minderwertigkeitskomplex zu kompensieren

Eine erstaunlich große Anzahl Leute leistet sich Minderwertigkeitsgefühle wegen eines vermuteten Mangels, obgleich sie auf anderen Gebieten durchaus bestehen oder gar glänzen könnten. Weil sie allein nicht existieren zu können glauben, verstekken sie ihren Mangel gern hinter dem gesellschaftlichen Erfolg ihres Partners oder ihrer Partnerin. Dessen Sicherheit kompensiert ihre Unsicherheit, ohne ihn oder sie fühlen sie sich verloren. Der Partner kann ihnen aber die Aufgabe nicht abnehmen, sich weiterzuentwickeln, und so gerät eine solche Partnerschaft immer mehr in eine Schieflage.

Aus Angst, den Partner zu verletzen

Es gibt tatsächlich Leute, die heiraten trotz des starken Impulses, die Beziehung abzubrechen. Sie bringen es nicht über sich, dem anderen durch ihre Absage weh zu tun; sie können nicht gut nein sagen. Nicht selten nützt der Partner die Schwäche seiner Freundin oder seines Freundes aus, indem er sie oder ihn mit Krankheiten bis hin zur Selbstmorddrohung erpreßt. Daß eine trotzdem geschlossene Ehe auf sehr wackeligen Beinen steht, versteht sich von selbst.

Aus gekränkter Eitelkeit

Das ist ein besonders trauriger Heiratsgrund, weil hier zwei neurotische Motive zusammentreffen. Die Ausgangssituation ist eine nicht von Ihnen abgebrochene Liebesbeziehung. Eventuell findet man sich überraschend schnell in einer neuen Ehe wieder, um es dem früheren Partner zu zeigen und um sich selbst zu beweisen, daß man noch attraktiv ist, wenigstens für einen anderen. Unter solchen Voraussetzungen geschlossene Ehen gehen nur selten gut. Sie sind überschattet von der Unaufrichtigkeit des sitzengelassenen Partners, der zwischen Liebeskummer und Minderwertigkeitsgefühlen schwankt. Bei dieser neuen Bindung spielen Liebe oder Freundschaft keine Rolle – nur die gekränkte Eitelkeit.

Sollten Sie also meinen, kurz nach einer unglücklichen Liebesgeschichte wieder verliebt zu sein, wäre es klug, diese neuen Gefühle skeptisch unter die Lupe zu nehmen. Es ist ziemlich wahrscheinlich, daß eine neurotische Mischung von Groll, Gehässigkeit und Rachsucht dahintersteckt.

Um den Partner zu therapieren

Wie in den folgenden Kapiteln zur Sprache kommen wird, ist eine psychologische Fehlhaltung, die viel Elend in Ehen verursacht, das Mitleid. Es zeigt sich in dem Drang, aus dem heraus gewisse Männer und Frauen eine(n) andere(n) nur deshalb heiraten, weil sie glauben, ihn oder sie von gewissen Problemen erlösen zu müssen oder ihn heilen zu können.

Eine Frau heiratet beispielsweise einen Spieler oder Säufer, weil sie ihrer Liebe zutraut, ihn von dem Laster zu befreien. Oder ein Mann fühlt sich zum Ritter in schimmernder Rüstung berufen, weil er mit einer Frau Mitleid hat, die nicht mehr ein noch aus weiß, mit ihren Kindern nicht fertig wird und dauernd unter Depressionen leidet.

Diese beiden Personen machen einen großen Fehler. Sie heiraten nur, weil sie den anderen behandeln und heilen wollen. Davor warne ich dringend. Es geht nur selten gut. Wenn sich der eine Partner in einer Beziehung konstant überlegen fühlt und den anderen zum Sozialfall macht, wird dieser immer unsicherer und sich dann schließlich gegen die Gönnerhaftigkeit empören. Dann schlägt der Unterlegene zurück, und alles wird noch schlimmer.

Aus Trotz gegen die Eltern
Als Teenager hat man es am schwersten im Leben, zu vernünftigen Entschlüssen zu gelangen. Er oder sie steht am Beginn des Erwachsenendaseins und will für sich selbst planen. Trotzdem fehlt die Lebenserfahrung, um den richtigen Weg wählen zu können. Das macht es für die Jugendlichen so schwer, weil sie alles mögliche ausprobieren müssen und damit auf die Nase fallen, bis sie den Ernst des Lebens begriffen haben. Unglücklicherweise folgen sie ihrem eigenen Kopf anstatt dem Rat der Eltern, wenn es um die Entscheidung zur Heirat geht. Zu keinem ungünstigeren Zeitpunkt könnten sie die Warnungen der Eltern in den Wind schlagen.
Zugegeben, bei vielen Fragen können die Eltern sich irren und danebengreifen. Aber wenn sie ihr Kind für zu jung für die Ehe halten, dann haben sie fast hundertprozentig recht. Da aber Jugendliche sich und der Welt beweisen müssen, wie selbständig sie denken und daß sie sich von niemandem etwas vorschreiben lassen, sind sie von dem Plan der Heirat nicht abzubringen, sondern zeigen es ihren Eltern! Wenn Braut und Bräutigam eingehakt die Kirchentreppen hinaufschreiten, verschwenden sie keinen Gedanken daran, daß sie aus Trotz gegen elterliche Autorität heiraten. Und das ist kein guter Ausgangspunkt für eine Ehe.

Um kein Hagestolz oder eine alte Jungfer zu werden
Oft lassen sich Menschen durch Angst zu besonders waghalsigen Handlungen verleiten. Wer befürchtet, keine guten Chancen auf dem Heiratsmarkt zu besitzen und seine alten Tage

einsam verbringen zu müssen, sagt manchmal bedenkenlos bei einem Antrag ja, ohne sich die Nachteile zu vergegenwärtigen. Wer verzweifelt gern heiraten möchte, greift nach jedem Strohhalm und wird jeden ehelichen, der sie oder ihn vom Stigma des Sitzengebliebenseins rettet.

Eine Patientin formulierte, daß sie keinen Heiratsantrag abgeschlagen hätte, weil sie sich so ungeliebt und wertlos vorgekommen war; sie hätte sich bereits glücklich gepriesen, überhaupt gebeten zu werden, geschweige denn von dem Mann, auf den sie gehofft hatte. Es bedarf keiner Erwähnung, daß sie in der Ehe nicht glücklich wurde und sich scheiden ließ. Sie hatte sich an einen Mann gebunden, der ihr bei etwas Nachdenken niemals passend erschienen wäre.

Der gesellschaftliche Druck auf Unverheiratete hat heute etwas abgenommen, aber junge Leute betrachten sich immer noch als Versager, als zuwenig attraktiv oder interessant, wenn sie keinen Partner finden. Wenn alle aus ihrer Altersgruppe in die Flitterwochen fahren, fragen sie sich dann, ob mit ihnen etwas nicht stimmt. Die Erkenntnis, daß es durchaus für eine gewisse Reife spricht, nicht in ganz jungen Jahren oder sogar überhaupt nicht zu heiraten, bleibt ihnen verschlossen.

Weil man verliebt ist oder zusammen geschlafen hat
Einen jungen Burschen in meiner Sprechstunde werde ich nie vergessen, der mit 28 Jahren vorhatte, das dritte Mal zu heiraten. Ich verstand nicht, wie er so schnell von einer Bindung in die nächste schlüpfen konnte. Erst längere Gespräche enthüllten, daß er die irrige Meinung vertrat, er müsse jedes Mal heiraten, wenn er sich verliebt hatte.

Sich zu verknallen ist aber kein so überwältigendes Gefühl, wie uns Romane und Lieder glauben machen. Sicher, wir sind starken Emotionen unterworfen, aber wir können uns ebenso hineinsteigern wie sie uns ausreden. Liebe macht vielleicht blind, aber sie schlägt uns nicht mit Dummheit, so daß wir jede Kontrolle über uns verlieren. Bis hierher und nicht weiter – diese Grenze können wir allemal ziehen.

Noch in unserer Müttergeneration glaubten viele Frauen, den

Mann heiraten zu müssen, dem sie sich hingegeben hatten. Damals stand die Unschuld noch hoch im Kurs, und vermutlich wären ihre Heiratschancen beim zweiten Mann sehr gesunken. Aber auch heute noch meinen manche Frauen, sie würden als leichte Mädchen angesehen und es grenze an Promiskuität, wenn sie die Bindung nicht konsequent weiterverfolgen. Die jungen Leute in unseren Breiten haben heute andere Moralvorstellungen. Eine geknickte Unschuld ist jedenfalls keine ausreichende Basis für eine gute Ehe.

Um einem unglücklichen Zuhause zu entkommen
Einer der traurigsten Gründe für eine Eheschließung ist der, nicht von einer Person angezogen zu werden, sondern von anderen Personen abgestoßen zu sein. Ein Junge oder Mädchen, dem das Leben zu Hause unerträglich erscheint, wird sich so in die Idee einer Ehe verrennen, daß ihm oder ihr jeder Ehepartner recht ist. Mädchen neigen besonders dazu, die Ehe als Zufluchtsort zu betrachten, um einem unglücklichen Familienleben zu entkommen. Manchmal tun es auch Jungen, aber die meisten werden lieber auf Abenteuerreisen gehen oder in der Armee unterschlüpfen.

Ich habe vollstes Verständnis dafür, daß junge Leute sich brüllenden Eltern, betrunkenen und beleidigenden Vätern oder meckernden und tyrannischen Müttern unbedingt entziehen wollen. Möglicherweise kommen sie aber in einer Ehe vom Regen in die Traufe. Eine übereilte Bindung aus Verzweiflung bietet wenig Aussicht auf eine friedliche und geborgene Zukunft.

Mein Rat wäre, einfach das Elternhaus zu verlassen, wenn es nicht mehr auszuhalten ist. Suchen Sie sich einen Job, wohnen Sie bei Verwandten oder in einem möblierten Zimmer. Stellen Sie sich erst mal auf eigene Beine, aber wählen Sie nicht eine Ehe, um von zu Hause wegzukommen. Sie bringen sonst in die neue Partnerschaft alle Ängste, Schuldgefühle und Minderwertigkeitskomplexe mit, die ein Leben in einem zerrütteten Elternhaus hervorgerufen haben. Es ist ein Irrtum, zu glauben, Sie könnten in einer Ehe einfach eine neue Seite aufschlagen.

Übereinstimmung oder Unvereinbarkeit?

Die Hauptfrage, die sich jeder stellen sollte, wenn er sich verliebt und eine dauerhafte Bindung eingehen will, ist, wie groß die Übereinstimmung oder die Unvereinbarkeit zwischen den Partnern ist. Sind Sie auf der gleichen Wellenlänge, haben Sie die gleiche Kragenweite? Je mehr Charakterzüge und Anschauungen vereinbar – das heißt nicht unbedingt gleich – sind, desto besser werden sie miteinander auskommen. Das Maß der Übereinstimmung laufend zu überprüfen ist ebenso wichtig wie die regelmäßige Gewichtskontrolle auf der Waage.

Nach welchen Richtlinien aber kann man das Maß der Übereinstimmung beurteilen? Wenn zwischen Ihnen und Ihrem Partner nur wenig Unvereinbares besteht, werden Sie die folgenden 3 Fragen mit Ja beantworten.

Frage 1:
Versteht mein Partner meine innersten Wunschvorstellungen und Bedürfnisse?

Um das festzustellen, sollten Sie aufschreiben, welches Verhalten Ihres Partners sie heftig stört und ob es, wenn er oder sie es änderte, bei Ihnen viel mehr liebevolle Gefühle hervorrufen würde. Kümmern Sie sich bei diesem Punkt nicht darum, ob Ihre Wünsche völlig unrealistisch sind oder nicht. Notieren Sie nur, was Ihr Partner Ihrer Meinung nach tun müßte, um Ihre Frustration zu mildern. Hinter dieser Methode steht natürlich die Absicht, ungute Gefühle zwischen Ihnen beiden auszuräumen. Wenn Ihr Partner Ihre tiefsten Wünsche und Bedürfnisse erkennt und zu befriedigen bereit ist, werden Sie ihm natürlich viel mehr Wärme entgegenbringen, als wenn er Sie immer wieder reizt.

Frage 2:
Ist mein Partner in der Lage, meine innersten Wunschvorstellungen und Bedürfnisse zu befriedigen?

Bei manchen Menschen kommt einfach keine Übereinstimmung zustande, weil ihnen die Voraussetzungen fehlen, um ihrem Partner bei wichtigen Dingen zu gefallen. Wenn eine Frau mit vielen künstlerischen Interessen, die gern in die Oper und in Museen geht und ihr Heim mit Bildern schmückt, an einen Mann gerät, der mit Vorliebe am Freitagabend in der Kneipe Skat spielt und am Sonnabend auf den Fußballplatz geht, dann wird sie sich nicht glücklich fühlen. Diese beiden werden nicht miteinander auskommen, nicht weil er garstig ist und sie sich hassen, sondern weil ihre Interessen so weit auseinanderklaffen. Deshalb wird er nicht in der Lage sein, ihre innersten Bedürfnisse in einem Maß zu befriedigen, das für ihr Glück ausreicht.

Frage 3:
Ist mein Partner bereit, meine innersten Wunschvorstellungen zu erfüllen?

Nur weil Ihr Partner Ihre innersten Wunschvorstellungen und Bedürfnisse versteht und in der Lage wäre, sie zu befriedigen, heißt das noch lange nicht, daß er oder sie sich die Mühe machen will. Kürzlich berichtete mir ein Mann, daß er genau wisse, was seine Frau brauche, und auch dafür sorgen könnte, aber das dazu nötige Verhalten behage ihm nicht, und deshalb habe er auch keine Lust dazu.

Wie zu Beginn erwähnt, haben 2 Partner eine Übereinstimmung und wenig Unvereinbares, wenn die obigen 3 Fragen mit einem eindeutigen Ja beantwortet wurden. Ein einziges Nein deutet bereits auf die Situation hin, daß es Probleme durch unterschiedliche Anschauungen oder Verhaltensweisen geben wird. Meiner Meinung nach sollte eine Heirat erst dann in Betracht gezogen werden, wenn sich das letzte Nein auch in ein Ja verwandelt hat. Wenn Sie diese Feststellung erst nach der Eheschließung treffen, dann sollten Sie Ihre Frustration dringend analysieren und soweit wie möglich abschaffen.

Das Ziel jeder liebevollen Beziehung

Genau betrachtet hängt eine angenehme menschliche Beziehung davon ab, daß jeder der Betroffenen davon bis zu einem gewissen Grad profitiert. Die Menschen sind nicht ganz selbstlos und opferwillig – es müssen schon auch Gegenleistungen gebracht werden. Die Kernfrage ist, wieviel man rechtmäßig erwarten kann. Es steht Ihnen zu, in einer freiwilligen Beziehung ziemliche Zufriedenheit zu finden. Das ist der Punkt im emotionalen Gleichgewicht, an dem Sie sagen können, es gehe recht gut mit Ihrem Partner, Differenzen wären halb so schlimm, Sie seien froh, diesen Menschen zu lieben und geheiratet zu haben. Und obgleich einer Reihe von Dingen eine Verbesserung nichts schaden würde, ließe es sich aushalten, und selbst ohne Veränderungen hätten Sie keinen Grund zu Groll und Ressentiments.

Die Grundsituation, in der Sie sich so äußern würden, ist Ihr Punkt *ziemlicher Zufriedenheit (ZZ).* Das Ziel jeder Beziehung muß doch sein, daß beide nicht viel unter diesen Punkt der relativen Zufriedenheit fallen, sondern zu der Hoffnung Anlaß haben, daß es noch besser würde. Wenn beide Betroffenen ziemlich zufrieden sind, haben sie wenig Grund zur Klage, und offensichtlich macht es jeder der Partner dem anderen recht.

Es gibt 3 ernste Konsequenzen, wenn Sie auf längere Sicht einen Zustand unterhalb des ZZ-Punkts einreißen lassen.

Die offensichtliche Folge ist, daß Sie insgesamt ein recht unzufriedenes, unglückliches und frustriertes Wesen sein werden. Bei chronischer Unzufriedenheit dauert es nicht lange, bis Sie deprimiert und wütend werden, Ihre Nägel kauen, schlecht schlafen, an einen Seitensprung denken, zuviel trinken oder Ihre Frustrationen an Ihren Kindern auslassen. Sie können in Psychotherapie gehen oder versuchen, sich selbst in eine gewisse Ruhe zu versetzen, aber wenn die irritierenden und frustrierenden Umstände weitergehen, werden Sie nicht viel Lebensfreude aufbringen können, selbst wenn es Ihnen gelingt, nicht völlig neurotisch zu werden.

Die 2. Folge, wenn Ihr Niveau ziemlicher Zufriedenheit chronisch nicht erreicht wird, ist, daß Ihre Liebe zu Ihrem Partner langsam, aber sicher schwindet. Was haben Sie schließlich für einen Anlaß zu zärtlichen Gefühlen, wenn Ihr Partner, Ihr Chef oder Ihre Freundin Sie am laufenden Band gegen den Strich bürstet? Sie müssen schon ein sehr gestörtes Innenleben haben und ziemlich verzweifelt sein, wenn Sie weiter jemanden lieben, der Sie quält.

Die Liebe schmilzt nur sehr allmählich dahin, während sich die Kränkungen und Ungerechtigkeiten über die Monate und Jahre hinweg häufen. Wenn dazwischen nicht Zeiten liegen, in denen Sie mit dem Partner mehr als nur ziemlich zufrieden sind, wird von Ihrer Liebe nicht mehr viel übrig sein. Es kommt nicht darauf an, wieviel Sie am Anfang empfanden, ob Sie religiös sind oder fest entschlossen, an der Liebe festzuhalten. Es nützt alles nichts, wenn Ihnen der Partner nicht ein durchschnittliches Maß an Befriedigung bietet.

Wer ein schlechtes Gewissen hat, weil er sich entliebt, versteht die Vorgänge nicht. Es ist nichts Böses, aus der Liebe zu fallen. Sie brauchen doch keine Schuldgefühle zu haben, weil sie den anderen wegen dauernder Vernachlässigung zurückweisen. Was Sie tun, ist vernünftig, logisch und gesund.

Die 3. Folge, wenn man chronisch unterhalb der Zufriedenheitsgrenze lebt, ist die, das einem die Beziehung selbst nichts mehr bedeutet. Wenn dieser Punkt eingetreten ist, werden Sie Ihrem Chef kündigen. Bei einer Ehe werden Sie zu dem Schluß kommen, daß sie die Mühe nicht mehr wert ist. Sie können nichts mehr fühlen und sagen sich, daß Sie es nicht nötig haben, weiter unter solchen Umständen zu leben.

Bei diesem Entschluß neigen auch einige Leute zu Schuldgefühlen, weil sie die Ehe beenden. Aber ebensowenig, wie man sich dafür entschuldigen muß, daß man sich verliebt, braucht man sich für das Entlieben zu rechtfertigen. Wenn eine Ehe schiefgeht und keine Änderung abzusehen ist, haben Sie die Pflicht, etwas zu unternehmen. Vergessen Sie nicht, daß Sie um Ihrer selbst willen verheiratet sind, nicht um des anderen willen. Sie haben einen Job, nicht um den Chef glücklich zu machen, sondern um die eigenen Lebensumstände zu verbessern. Wenn Sie heiraten, eine Stellung antreten oder Freundschaften schließen, dann geschieht das, weil es Ihren Zwecken dient. Und wenn es damit nicht klappt, ziehen Sie sich klugerweise zurück. Wenn eine Ehe eine Zeitverschwendung ist und Ihnen nur Schwierigkeiten anstatt Freuden bringt, wären Sie dumm, wenn Ihnen nicht der Gedanke käme, sie zu beenden. Sie tun niemandem einen Gefallen, wenn Sie sich für das Glück eines anderen aufopfern und dabei immer kränker werden. Im Gegenteil, Sie schaden ihm ernsthaft, weil Sie ihn verwöhnen und selbst immer frustrierter werden, bis Sie es satt haben. Eines Tages werden Sie doch Ihre Siebensachen packen und gehen. Wenn Ihnen wirklich an einer Beziehung liegt, dann verweigern Sie sich gelegentlich, damit die Menschen in Ihrer Umgebung Sie nicht eines Tages verachten müssen.

Akzeptieren Sie die Tatsache, daß eine Beziehung funktioniert, weil sie beiden Spaß macht. Ist das nicht der Fall, dann hat der am meisten frustrierte Partner die Pflicht, etwas gegen die unglücklich machenden Erscheinungen zu unternehmen. Das ist das Ziel einer Beziehung, für sich ein bestimmtes Maß an Zufriedenheit darin zu finden, damit man nicht veranlaßt wird, Schluß zu machen. Oder um es praktisch auszudrücken, den Partner immer wieder zu Gefälligkeiten zu veranlassen, bis Sie Ihr Quantum an Zufriedenheit haben. Damit haben Sie sich und der Beziehung einen großen Dienst erwiesen, und Sie haben korrekt und moralisch gehandelt.

Der beste Weg zur Liebe

Wenn man einem Menschen zum erstenmal begegnet, verhält man sich am besten so, als könne man davon ausgehen, daß er ziemlich anständig ist und nichts Böses im Sinn hat; behandelt man ihn freundlich, so wird auch er einem freundlich entgegenkommen. Das ist im Kern Regel 1: Wenn Menschen Sie nett behandeln, belohnen Sie dieses Verhalten mit ebensoviel Freundlichkeit.

Das wird als positive Verstärkung bezeichnet und ist eines der Prinzipien der menschlichen und tierischen Lerntheorie, wie in zahlreichen Labors auf der ganzen Welt nachgewiesen wurde. Wenn Sie ein Verhalten belohnen, wird dieses Verhalten unterstützt und verstärkt. Überlegen Sie sich einmal, welches Machtinstrument im positiven Sinn das bei richtiger Anwendung bedeutet. Wenn Sie wissen, was Ihrem Partner wichtig ist, können Sie ihn oder sie offensichtlich sehr glücklich machen, wenn Sie sich verstärkt so verhalten, wie es diesem Menschen gefällt. Angenommen, Sie wollen, daß Ihr Mann abnimmt, damit Sie ihn wieder sexuell attraktiv finden können. Mit Regel 1 im Hinterkopf werden Sie jeden Tag richtig reagieren. Wenn er zu joggen beginnt und Sie darüber hinweggehen, verliert er vielleicht die Lust und hört auf. Oder wenn er auf einen Nachtisch verzichtet und Sie ihn dafür nicht loben, haben Sie wieder eine Gelegenheit verstreichen lassen, seine Diätanstrengungen zu bekräftigen. Man braucht kein Genie zu sein, um zu erkennen, daß seine Bemühungen zumindest erwähnt, besser noch anerkannt werden müssen.

Das klingt recht simpel, erweist sich aber in der Praxis als kompliziert. Bei einigen Problemen wird dem bestärkenden

Individuum nicht gleich deutlich, wo er oder sie ansetzen soll. Betrachten Sie die folgenden Beispiele:

Was gilt als eine Belohnung?

Jeder von uns wird eine andere Vorstellung von Belohnung haben. Man kann nicht davon ausgehen, daß etwas auch einen anderen begeistern wird, nur weil wir daran großen Gefallen finden. Es gibt primäre Verstärkungsmomente, wie Nahrung, Wasser, Schlaf, Wärme und so weiter, die überlebenswichtig sind. In Mangelsituationen wird sich jeder durch solche Gaben belohnt und bestärkt fühlen.

Ob aber eine neue Jacke, ein Kompliment oder eine Gehaltserhöhung als Belohnung empfunden wird, hängt vom Alter und der Persönlichkeit des Mitmenschen ab sowie von der Situation, in der er sich gerade befindet. Ein Pelzmantel für eine Frau, die bereits sechs im Schrank hängen hat, macht ihr wenig Eindruck. Den Ehemann zum Geburtstagsdiner in ein Restaurant einzuladen, ist verschwendete Liebesmühe, wenn er als Vertreter sowieso laufend auswärts essen muß. Für ihn wäre Hausmannskost ein passenderes Geschenk.

Der beste Zeitpunkt für Belohnungen

Die Wirkung einer Anerkennung hängt nicht nur von der Art ab, sondern auch vom richtigen Zeitpunkt. Wenn der Empfangende in der richtigen Stimmung ist, wird die Belohnung am besten und nachhaltigsten wirken. Gleich nach dem Frühstück eine große Mahlzeit anzubieten, ist sinnlos, weil keiner hungrig ist. Einem 35jährigen ein Jagdgewehr zu schenken, nur weil er es sich mit 15 gewünscht hatte, wird ihn auch nicht sehr beeindrucken. Dem Partner Zuneigung zu zeigen und ihm zu sagen, daß Sie ihn lieben, wird auch nicht auf fruchtbaren Boden fallen, wenn Sie gerade vergeblich zum hundertsten Mal um eine bestimmte Gefälligkeit gebeten worden sind.

Die Häufigkeit von Belohnungen

Die Wirkung, die eine Belohnung auf uns hat, hängt natürlich auch von der Häufigkeit ab. Um einen Partner durch Anerkennung in einem bestimmten Verhalten zu bestärken, muß nicht nur die auf ihn zugeschnittene Art der Belohnung gewählt werden und der passende Moment, sondern die Häufigkeit will auch überlegt sein. Es gibt 2 Zeitintervalle für Lob und Belohnung – laufend und mit gewissen Abständen.

Im 1. Fall loben Sie das Verhalten jedesmal, wenn es auftritt, was eine große und schnelle Verstärkung bewirkt. Wenn Sie Ihren Partner jedesmal loben und belohnen, wenn er lieb war, besonders schick aussieht und etwas Neues anhat, wird er Ihnen gegenüber warme Gefühle ausstrahlen, weil Sie seinem Ego schmeicheln. Wenn Sie allerdings bestimmte Gewohnheiten mit Komplimenten bedacht haben und sie plötzlich nicht mehr positiv bemerken, kann es sein, daß der andere seine Bemühungen sofort einstellt. Selbst wenn es Ihnen allmählich schon lächerlich vorkommt – die Menge Schmeicheleien, die die Mitmenschen gern schlucken, ist riesig.

Wenn Sie in gewissen Zeitabständen loben und nur ab und zu Komplimente machen, wird Ihr Partner trotzdem das gewünschte Verhalten eine Weile – auch ohne laufende Bestärkung – an den Tag legen. Er geht davon aus, daß ihm die Belohnung in Kürze wieder zuteil wird.

Merkwürdigerweise neigen wir dazu, eher unser erwünschtes Verhalten beizubehalten, wenn wir nicht laufend darin bestärkt werden, als wenn wir jedesmal Bestätigung und Lob erfahren.

Alles in allem sollten wir uns klarmachen, daß wir, wenn wir geliebt werden wollen, eine klare Vorstellung davon haben müssen,

- was für den einzelnen in einem bestimmten Lebensabschnitt als Belohnung angesehen wird,
- daß der einzelne zu dem bestimmten Zeitpunkt an der Belohnung interessiert ist und
- daß eine regelmäßige, aber nicht laufende Bestärkung besser wirkt.

Die am meisten geschätzten Belohnungen

Wenn Sie ein liebevoller Mensch sein und von anderen geliebt werden wollen, muß Ihnen das anerkennende Verhalten in allen Beziehungen in Fleisch und Blut übergehen. In manchen Fällen ist es wichtig, die Bestätigung richtig zu erkennen, die Ihrem Geliebten am meisten bedeutet. Sie gehen aber kaum jemals fehl, wenn Sie die folgenden Verhaltensweisen in Ihr Repertoire aufnehmen, die einem Großteil der Menschen gefallen.

Lob

Ich kann gar nicht genug betonen, wie wichtig Lob ist, um die Gefühle eines anderen Ihnen gegenüber günstig zu beeinflussen. Die meisten Menschen reagieren auf wiederholtes Lob mit einem Gefühl von Selbstwert, Selbstvertrauen und Selbstachtung. Sie lassen sich durch Fehler oder Zurückweisungen weniger aus der Fassung bringen, weil sie gründlich darauf programmiert sind, sich für anständig, tüchtig und liebenswert zu halten.

Wenn Sie erreichen wollen, daß jemand Sie liebt, dann müssen Sie die positiven Seiten betonen und die negativen Seiten oft ignorieren. Es ist unmöglich, einen Menschen nicht zu beeindrucken, den Sie so zartfühlend und gut behandeln. Wenn Ihnen das zu berechnend vorkommt, bedenken Sie bitte, daß ein solches Verhalten viel Mühe macht, die man dem anderen zuliebe auf sich nimmt.

Wir loben einander viel zu wenig. Wir verstecken uns hinter der Rationalisierung, dann nicht mehr »echt« zu sein oder bei den Leuten zuwenig Lobenswertes finden zu können. Oder wir haben Angst, die anderen zu sehr zu verwöhnen, wenn wir sie mit Schmeicheleien überschütten.

Ehe ich auf die Widerstände gegen Loben eingehe, möchte ich zuerst definieren, was Lob eigentlich ist. Ich beziehe mich ausschließlich auf die Anerkennung des Verhaltens einer Person und nicht auf die Persönlichkeit oder Charaktereigenschaften eines Individuums. Es ist wichtig, daß wir die Person und ihr Verhalten streng voneinander trennen und ihr über ihre Handlungen etwas Nettes sagen, nicht über sie als Mensch. Auf diese Weise fällt das Leben leicht, denn wir bewerten damit nicht die Person negativ oder positiv. Wenn nach diesem Motto von frühester Kindheit an verfahren wird, wird sich das Kind niemals hassen, weil es böse gewesen ist, und ebenso hat es keinen Anlaß, wegen guter Handlungen überheblich, selbstgefällig oder eitel zu werden.

Wenn Sie den Unterschied zwischen dem Loben einer Person und dem Loben ihrer Handlungen erkannt haben, können Sie auch leichter das Verhalten im einzelnen loben; damit wird dem Menschen nicht der Eindruck vermittelt, er sei besser als andere, sondern nur, daß er sich in dem bestimmten Fall überdurchschnittlich gut benommen hat.

Mit einfachen Worten: Wenn Sie finden, daß Ihr Partner gut tanzt, können Sie es ihm ruhig sagen. Tatsächlich empfehle ich dringend, freizügig mit Lob umzugehen, wenn Sie geliebt werden und Ihre Liebe zeigen wollen. Sagen Sie den Leuten etwas Nettes. Mit Lob werden wir alle beileibe nicht verwöhnt. Es fällt den Leuten viel leichter, die anderen zu kritisieren, als ihnen Komplimente zu machen.

Ich behaupte, daß Sie täglich ebenso viele Gründe für Komplimente haben wie für Kritik. Wenn etwas gut gelungen ist, kann man das doch anerkennend erwähnen! Ist Ihr Partner pünktlich? Loben Sie seine oder ihre Pünktlichkeit – das besagt nichts über den restlichen Menschen. Bedanken Sie sich häufig. Gewöhnen Sie sich einen Blick für die vielen netten Kleinigkeiten an, die Sie von Ihren Mitmenschen erfahren und die Sie so oft als Selbstverständlichkeiten hinnehmen.

Wer sich damit herausredet, er käme sich bei häufigem Loben unaufrichtig vor, macht es sich sehr leicht. Wenn Sie unbedingt wollen, fühlen Sie sich ruhig unaufrichtig, aber benutzen Sie das nicht als faule Ausrede, um weiter mit Komplimenten zu geizen. Unecht kommt es Ihnen nur vor, weil Sie es nicht gewohnt sind. Sie empfinden die gleiche Unsicherheit, wenn Sie das erste Mal die Tanzfläche betreten oder die erste Rede vor einem Publikum halten müssen – so, als würden Sie den Tänzer oder Redner nur markieren. Das Gefühl der Unechtheit stammt nur daher, daß Ihnen diese Rolle neu ist. Je mehr Sie sie üben, desto besser beherrschen Sie sie, und desto weniger unecht kommen Sie sich vor.

Verzieht man Menschen, wenn man sie zu viel lobt? Wenn diese Gefahr bestünde, würde ich sie unverblümt zugeben. Solange sich Ihre Anerkennung auf Leistungen, Fähigkeiten, materielle Errungenschaften oder Intelligenz beschränkt, machen Sie den empfohlenen Unterschied zwischen der eigentlichen Person und ihrem oder seinem Verhalten. Dadurch kann niemand über Gebühr verwöhnt werden, weil ja nicht die Person in den Himmel gehoben wird.

Charme und Aufmerksamkeit

Wie kann man einen Menschen nicht mögen, der charmant, aufmerksam, sanftmütig und höflich ist? Alle reißen sich um die Menschen, die kultiviert, wohlerzogen, rücksichtsvoll und nicht aggressiv sind. Wie angenehm ist doch die Gesellschaft von jemandem, der sich nicht nur gut ausdrücken kann, sondern auch etwas Interessantes sagt und überdies ein guter Zuhörer ist. Von allen gesellschaftlichen Fähigkeiten werden letztere am höchsten bewertet.

Wenn Sie also lieben und geliebt werden wollen, sollten Sie sich aneignen, wie man charmant, aufmerksam und verständnisvoll wird. Mit diesen Umgangsformen brechen Sie jedes Eis. Wer kann widerstehen und in Zorn verharren, wenn ihm jemand mit Wärme, Freundlichkeit, Sanftmut und Güte entgegenkommt? Wir alle kennen solche Menschen und fühlen uns in ihrer Gegenwart besonders wohl. Sie haben ein Händchen dafür, sich beliebt zu machen, ohne aufdringlich oder berechnend zu sein. Wir laden sie gern ein und denken an sie mit einem Lächeln.

Um liebenswert zu sein, sollten Sie sich diese Umgangsformen aneignen. Aber wie läßt sich das machen? Ich habe lange darüber nachgedacht und meine den schlimmsten Stolperstein lokalisiert zu haben: eine defensive Haltung. Wenn man nicht glaubt, sich dauernd wehren und verteidigen zu müssen, fällt einem ein rücksichtsvolles und umgängliches Wesen leicht. Wer in der Defensive ist, will immer beweisen, daß er im Recht ist, daß der andere sich irrt und daß ihm sein Fehler angekreidet werden muß. Ich finde Menschen, die an anderen nur herummeckern können, unausstehlich. Sie haben keine Hemmungen, menschliche Schwächen bloßzustellen. Es ist genauso unmöglich, ihnen ein Kompliment zu entlocken, wie einen Geizhals von seinem Geld zu trennen.

Ein nichtdefensiver Mensch wird sich nicht dauernd angegriffen fühlen; ihm ist eine ungetrübte Beziehung wichtiger als Rechthaberei. Wenn ein Mann eine Behauptung aufstellt, die in den Augen seiner Frau nicht stimmt, wird sie ihn korrigieren. Ändert er trotzdem seine Meinung nicht, wird eine kluge Frau erwidern, sie sei anderer Ansicht, könne sich aber irren. Damit läßt sie es bewenden. Eine nette Reaktion. Sie hat ihre Meinung freimütig geäußert, läßt aber schlafende Hunde schlafen, weil es sich nicht lohnt, sich wegen einer Belanglosigkeit zu streiten.

Solche Menschen sind beliebt, weil sie im Fall einer Meinungsverschiedenheit den anderen nicht niedermachen. Sie gehen sanft mit ihm um und lassen es im Zweifelsfall offen, wer recht hat. Dabei kommen sie nicht mit windelweichen Argumenten oder geben beständig nach. Ganz im Gegenteil, sie äußern ihre Anschauung. Sobald sie aber merken, daß es dem anderen an die Nieren geht, nicht recht zu behalten, sind sie zu einem Rückzieher bereit, sofern es nicht um wichtige Dinge geht. Ein unaggressiver Mensch ist alles andere als ein Feigling.

Noch ein Wort an die Männer: Manchmal erkundige ich mich bei Frauen, was ihnen an bestimmten Männern so anziehend erscheint. Fast immer betonen die Frauen, daß sie an einem bestimmten Mann hängen, weil er liebenswürdig, gutmütig, sanft und rücksichtsvoll ist. Es spielt kaum eine Rolle, ob er gut aussieht, viel Geld verdient oder sich besonders gut kleidet. Ich bin überzeugt, daß den Frauen ein Mann gefällt, der unaggressiv ist, sich nicht angegriffen fühlt, der zwar weiß, was er will, und diesen Standpunkt auch vertritt, aber bereitwillig zurücksteckt, wenn ihm die strittige Frage nicht wichtig genug erscheint, um eine Trübung der Beziehung zu riskieren. Diesem Typ gilt die Achtung und das Interesse der Frauen – eine Tatsache, an der Sie nicht vorübergehen sollten, meine Herren!

Innerste Wunschvorstellungen und Bedürfnisse

Wenn es darum geht, dem anderen entgegenzukommen, damit er oder sie Sie liebenswert findet, ist es der wichtigste Schritt, die innersten Wunschvorstellungen und Bedürfnisse ganz zu verstehen. Darauf basiert die liebevolle Beziehung, die Sie aufbauen wollen. Ich bin überzeugt, daß sich Ihr Partner zu Ihnen sehr hingezogen fühlen wird, wenn Sie rücksichtsvoll und charmant sind und den anderen akzeptieren.

Um aber bei dem Partner den Wunsch zu erwecken, Sie zu heiraten und den Rest seines Lebens mit Ihnen zu verbringen, reichen Aufmerksamkeit und Respekt nicht aus; Sie müssen sich schon mehr in den Partner vertiefen und seine innersten Wünsche ausloten. Wenn Sie zudem also in der Lage sind, diese in gewissem Maß zu erfüllen, ist Ihnen die Zuneigung des Partners gewiß. Ich betone immer wieder die innersten Bedürfnisse, denn eine Befriedigung von oberflächlichen Wünschen reicht für eine Ehe nicht aus. Um sich mit Haut und Haaren zu verlieben, müssen innerste Bedürfnisse angesprochen werden, nicht vordergründige Launen.

Um dem Partner soviel Erfüllung wie möglich zu bieten, ist es erforderlich, in langen Gesprächen die wahren Bedürfnisse herauszufinden. Was verspricht er sich vom Partner, was erwartet sie? Am besten ist, die einzelnen Erwartungen nicht nur zu hinterfragen, sondern die Ergebnisse aufzuschreiben, damit sie nicht in Vergessenheit geraten. Erst wenn sich schwarz auf weiß die gegenseitigen Erwartungen gegenüberstehen, sind die Bedingungen klar, unter denen die Beziehung erfolgreich bestehen kann.

Bereiche von Konflikten

Selbst wenn beide Partner die innersten Wunschvorstellungen des anderen begreifen und zu erfüllen bereit sind, werden Frustrationen und Konflikte entstehen. Verschließen Sie aber nicht die Augen vor der Tatsache, daß ein glückliches Zusammenleben möglich ist, wenn bei einigen größeren Differenzen eine spürbare Besserung eintritt, selbst wenn einige andere Störfaktoren nicht bereinigt werden. Wir können nicht erwarten, daß uns jeder Wunsch erfüllt wird, obgleich wir es verdienen. Wenn Ihnen ein Streitpunkt nicht sehr wichtig ist, sollten Sie dem Partner nachgeben und die Sache vergessen. Bedeutet aber eine gewisse Entscheidung Ihnen sehr viel, dann würden Sie sich betrogen vorkommen, wenn Sie klein beigeben müßten. Ein Zusammenleben wird nicht ohne Kompromisse möglich sein. Wenn Sie in einem Punkt nachgeben, sollten Sie dafür sorgen, daß Sie in einer anderen Sache nicht zu kurz kommen.

Die Ehe ist ein von Liebe getragenes Geschäft, und meiner Meinung nach ist es ratsam, sich in regelmäßigen Abständen wie bei einer geschäftlichen Besprechung gemeinsam an einen Tisch zu setzen und wie bei einer Tarifrunde die Vorstellungen von Arbeitnehmern und Arbeitgebern auszuhandeln. Unter Berücksichtigung dieser Grundsätze wollen wir die einzelnen Kriegsschauplätze betrachten.

Finanzielle Verantwortung

Wenn sich meine Patienten und Patientinnen darüber beklagen, wie ihre Partner mit dem Geld umgehen, ist meistens die Rede von zu verschwenderischen Ausgaben, einem Mißverhältnis zwischen Einnahmen und Ausgaben, selbstherrlichen und alleine getroffenen Entscheidungen über den Erwerb von teuren Gegenständen, mangelnde Absprache mit dem Partner oder Geiz.

Frauen beschweren sich häufig, daß sie zu knapp gehalten werden und um jede Mark für Lebensmittel, Kleidung oder Schulsachen für die Kinder bitten müssen.

Männer sind darüber ungehalten, wenn ihre Frauen leichtsinnig mit dem Geld umgehen, als wachse es auf Bäumen. Wenn eine Frau mit dem Einkommen nicht zufrieden ist, das der Mann nach Hause bringt, nervt sie ihn mit der naiven Aufforderung, doch mehr zu verdienen. Männer bemängeln an ihren Frauen die unrealistische Einstellung in Wirtschaftsfragen, weil sie keine eigene Erfahrung im Erwerbsleben haben. Sie können nicht mehr Geld heimbringen, nur weil die Frauen das wollen.

Das Gehalt hängt von Faktoren ab, die sie weitgehend nicht bestimmen können, und eine Steigerung kann sich über Jahre hinziehen.

Kinder

Meinungsverschiedenheiten über die Art und Strenge, wie Kinder aufgezogen werden sollen, sind der größte Sprengstoff in ehelichen Beziehungen. Was verständlich ist. Disziplin, moralische Werte, Religion und zu fördernde Fähigkeiten – also die Erziehungsziele und -methoden – können zu ernsthaftem Streit führen, obgleich beide nur das Beste wollen. Ein systematisch denkender Mann mit festen Überzeugungen, der sich nicht scheut, streng mit den Kindern zu sein, auch wenn er sich ihren Unwillen zuzieht, wird schnell die Achtung vor windelweichen Entscheidungen der Mutter verlieren. Andererseits wird eine verständnisvolle und behutsame Mutter sich abgestoßen fühlen, wenn ihr Mann die Kinder schüttelt und anbrüllt, nur weil sie den Teller nicht leergegessen haben. Sie wird ihn über kurz oder lang wegen seiner Sturheit hassen.

Unterschätzen Sie nicht das Maß an Verachtung und Abscheu, das Sie für einen Partner entwickeln, den Sie nicht als Vater oder Mutter Ihrer Kinder achten können. Deshalb sollten Sie gerade die Erziehungsziele und -methoden bis in Einzelheiten besprechen und bei Differenzen schon im vorhinein einen Mittelweg finden, mit dem Sie beide leben können.

Sex

Die Natur der sexuellen Beziehung eines Liebespaars spielt eine ungeheuer wichtige Rolle für die Dauer und Harmonie der gesamten Beziehung. Grundsätzlich unterscheidet sich eine freundschaftliche von einer Liebesbeziehung durch das sexuelle Element. Liebende sind Freunde, die miteinander schlafen.

Die von Männern am häufigsten angeführten sexuellen Wünsche sind mehr Geschlechtsverkehr, mehr Initiative der Frauen im Bett und nicht das dauernde Drängen nach Liebesbeteuerungen und kleineren Liebesbeweisen.

Frauen haben auch bestimmte Vorlieben im Bett, deren Erfüllung durch ihre Liebhaber sie glücklicher machen würde. Ganz allgemein verabscheuen sie Rohheit und Derbheit; für sie muß Sex mit Zärtlichkeit verbunden sein. Sie wünschen sich Worte der Liebe und Zuneigung, nicht sexuelle Anspielungen während des Liebesspiels. Die groben Ausdrücke, die Männer manches Mal gebrauchen, kommen bei ihnen schlecht an. Wenn Frauen zornig sind, fluchen sie mit den gleichen Ausdrücken, aber für die intimen Stunden haben sie es gern romantisch und warm. Da möchten sie gern die Sprache der Poeten hören, nicht die der Gosse.

Frauen möchten sich bei der Liebe auch Zeit lassen. Die Rein-raus-Methode mancher Männer dreht bei ihnen jede Libido ab. Wie sich herumgesprochen haben dürfte, steigern sich bei Frauen die Lustgefühle langsamer bis zum Orgasmus, und bei der Eile vieler Männer kommen sie gar nicht erst in Erregung.

Wogegen Frauen sich auch wehren, ist das Ansinnen der Männer, nach einem Streit mit ihnen ins Bett zu gehen. Sie können es nicht fassen, daß von ihnen körperliche Hingabe erwartet wird, nachdem sie kurz zuvor mit allen möglichen Schimpfnamen bis hin zu Hure und Schlampe belegt worden sind. Frauen machen mehr mit ihren Herzen als mit ihren Körpern Liebe, und wenn es gefühlsmäßig nicht stimmt, wollen sie sich nicht auf Sex einlassen.

Ich bin davon überzeugt, daß ein Mann, der als guter Liebhaber gelten möchte, bei den Liebesspielen viel Zuneigung an den Tag legen sollte. Frauen möchten Sex als Ganzes erleben und nicht als brutalen Überfall, bei dem ihr Körper wie ein Stück Fleisch behandelt wird, nur um die männlichen tierischen Gelüste zu befriedigen. Nur wenig vermag eine Frau mehr abzutörnen als ein mangelndes Einfühlungsvermögen auf diesem Gebiet. Frauen sind weniger an der Quantität als an der Qualität sexueller Begegnungen interessiert.

Kirche und Religion

Merkwürdigerweise treten Differenzen über Glaubensfragen bei Paaren nicht so häufig oder heftig auf. Es scheint, als würde bereits vor Beginn der Beziehung eine gewisse Selektion betrieben, die spätere Konflikte ausschaltet. Menschen, die an Gott glauben, fühlen sich anscheinend zu Menschen mit dem gleichen Grad an Frömmigkeit hingezogen. Ketzer finden sich zu Ketzerinnen, Atheisten zu Atheistinnen.

Der einzige Streitpunkt, der mir öfter genannt wird, ist der Wunsch, häufiger mit dem Partner und der Familie gemeinsam in die Kirche zu gehen. Manchmal kümmert sich die Mutter mehr um die religiöse Erziehung der Kinder, manchmal der Vater. Die alleinige Verantwortung dafür will aber keiner der beiden übernehmen. Doch selbst wenn die Bindung des einen Partners an die Kirche stärker ist als die des anderen, entwickeln sich daraus nur selten größere Reibereien.

Mehr Zündstoff liefert die Frage ethischer und religiöser Wertmaßstäbe. Wenn beispielsweise ein Partner an die Existenz von Gott glaubt und der andere sie leugnet und ihm keine Rechenschaft schuldig zu sein glaubt, wirkt sich das störend auf die Alltagsbeziehung mit den vielen kleinen Entscheidungen aus. Das muß natürlich nicht zu Streit führen. Ich kenne viele Paare aus religiös sehr unterschiedlichen Elternhäusern, die zwar erwartungsgemäß Auseinandersetzungen in Glaubensdingen mit einigen Höhen und Tiefen hatten. Aber in vielen Fällen glichen sich die Anschauungen einander an, oder sie klammerten religiöse Streitfragen aus dem täglichen Leben aus.

Unterschiedliche ethische Vorstellungen sind etwas schwerer auszugleichen als religiöse. Wenn 2 Partner eine verschiedene Einstellung zu Lügen, Stehlen und anderen Moralfragen haben, wirkt sich das auf die Ehe zerstörerisch aus. Ein Kompromiß wird da für keinen der beiden möglich sein, denn hier dreht es sich nicht um Randerscheinungen, sondern um Kernprobleme.

Verwandte und Schwiegereltern

Differenzen über den Umgang mit Verwandten sind nicht nur häufig, sondern auch sehr heftig. Oft wird über die Einmischung von Verwandten in die inneren Angelegenheiten einer Ehe geklagt. Manchmal hat sich der Ehemann noch nicht aus den Familienbanden gelöst und achtet die Meinung der Eltern höher als die seiner Frau. Oder eine Frau hängt so stark an ihrer

Mutter und ist von ihr fast unzertrennlich, daß der Mann sich zurückgesetzt fühlt.

Arbeit und Beruf

Es gibt eine Reihe von Möglichkeiten, wie sich der Beruf des Ehemanns ungünstig auf die Ehe auswirken kann. Sie zu erkennen und abzustellen ist ein wichtiger Schritt bei der Erfüllung der innersten Wunschvorstellungen der Partnerin. Das gleiche gilt für den Beruf der Ehefrau.

Frauen beschweren sich immer wieder darüber, daß ihre Männer nur ihren Job im Sinn haben. Sie haben das Gefühl, dahinter nur als zweitrangig zu gelten. Wenn Männer wiederholt Arbeit nach Hause mitbringen, bereitwillig Überstunden leisten oder auch ständig am Haus herumbasteln, fühlen sich die Frauen mißachtet, zurückgestoßen und einsam.

Auch bestimmte Berufsgruppen haben es mit der Ehe schwer. Ärzte können ebenso wie Installateure zu jeder Nachtstunde abgerufen werden, mitten im Essen oder auch am Wochenende, das sie mit der Familie verbringen wollten. Frauen, die einen Mann aus solchen Berufsgruppen heiraten, sollten sich das vorher überlegen und nicht nachher jammern.

Mit einem Fernfahrer, Musiker oder Schichtarbeiter verheiratet zu sein, bringt für die Frauen automatisch harte Zeiten. Ihre Männer sind tagelang unterwegs oder fast jeden Abend, wo doch eigentlich das gesellige Leben mit Familie und Freunden stattfinden sollte. Auf einen Mann in Wechselschicht kann sie sich gar nicht einstellen, und wenn auch sie Schichtarbeit leistet, ist die Ehe zeitlich schon fast ein Glücksspiel.

Die Beschränkung der Frauen auf Haus und Haushalt kann ebenso frustrierend sein. Nach einigen Jahren stellt sich bei ihnen der Wunsch ein, sich weiterzubilden, um einen besseren Job als früher zu erlangen oder um etwas anderes unternehmen zu können, als herumzusitzen und zu warten, bis die Kinder aus der Schule kommen. Wieder selbst in die Schule zu gehen, kann für Frauen eine erschreckende Erfahrung sein, weil sie verlernt haben, mit Unterrichtsstoff umzugehen. Das größte Hindernis aber können die Einwände ihres chauvinistischen Ehemanns sein, der alles mögliche gegen eine Weiterbildung seiner Frau anführt. Unsichere Männer haben Angst vor ehrgeizigen Frauen. Sie fürchten nicht nur, daß ihre Frauen sich als klüger erweisen, als sie sind, sondern auch, daß sie beruflich weiterkommen, mehr Geld verdienen und in höhere Ebenen aufsteigen, während sie auf ihrer Stufe als Arbeiter oder Angestellter stehenbleiben. Dann hängt der Haussegen schief.

Eine weitere Schwierigkeit, die unmittelbar mit der Berufstätigkeit zusammenhängt, ist die Tendenz der Männer, im Haushalt keinen Finger krumm zu machen, weil sie ja ihre 8 Stunden im Betrieb gearbeitet haben. Deshalb steht ihnen frei, nach getaner Arbeit zum Jagen, Golfspielen, Kegeln oder Trinken zu gehen. Das kränkt Frauen natürlich, weil sie ja schließlich die gleiche Arbeitsleistung hinter sich haben, noch dazu am monotoneren Arbeitsplatz, und weil sie meinen, zum Familienleben gehören beide. Besonders wenn sie halbe oder ganze Tage berufstätig sind, empfinden sie die einseitige Belastung als ungerecht. Doch das Macho-Verhalten überheblicher Männlichkeit ist langlebig. Wenn einem Mann aber an der Liebe und Achtung seiner Frau liegt, sollte er ihre Verbitterung darüber verstehen, daß er seine 8 Stunden Arbeit höher einstuft als ihre 8 Stunden – die Überstunden abends und am Wochenende nicht gerechnet!

Geselligkeit

Wenn ich mir die Klagen hilfesuchender Paare und die Liste innerster Bedürfnisse vergegenwärtige, stoße ich erstaunlich oft auf den von beiden geäußerten Wunsch nach mehr Geselligkeit und Umgang mit anderen Menschen. Einen gemeinsamen Freundeskreis zu finden und zu pflegen, scheint vielen schwerzufallen. Bei manchen Paaren hat einer gesellschaftliches Geschick und arrangiert die verschiedenen Treffen und Einladungen. Der andere zockelt zufrieden mit, geht aber nur selten von sich aus auf andere Menschen zu und schlägt gemeinsame Unternehmungen vor. In einer solchen Partnerschaft klappen die Außenbeziehungen recht gut, und die beiden können sich glücklich preisen.

Es wird ziemlich langweilig, wenn einem immer nur das Kino

an der Ecke, zusammen mit den Kindern, als Unterhaltung einfällt. Nicht wenige Paare ertragen die Eintönigkeit der Wochen nur deshalb leidlich gut, weil sie sich auf die Pläne am Wochenende freuen können, auf eine Einladung zum Essen, eine Gartenparty oder einen Ausflug mit Freunden. Das Paar, das gern die Freizeit miteinander verbringt, bleibt beisammen.

Irritierende und ärgerliche Gewohnheiten
Überlegen Sie sich gut, ob Ihr Partner bestimmte störende Gewohnheiten hat, die an sich harmlos sind, Ihnen aber auf Dauer sehr auf die Nerven gehen. Zu den Beispielen, die mir in der Praxis genannt wurden, gehören schmatzen und Speichel durch die Zähne ziehen, vor sich hinzischen, schniefen und kein Taschentuch verwenden oder an sich herumpuhlen. Viele Frauen können es auf den Tod nicht ausstehen, wenn ihre Männer in Gesellschaft dauernd schlechte Witze erzählen.
Die meisten dieser ärgerlichen Gewohnheiten sind nicht so ernst, daß es darüber zum Bruch einer Partnerschaft kommen könnte. Zudem lassen sie sich mit einigen Bemühungen abstellen. Wenn aber verschiedene schlechte Gewohnheiten zusammenkommen und den Partner genug anwidern, dann kann sich daraus eine ebenso schwere Krise entwickeln wie aus anderen Differenzen, die bereits erwähnt wurden.

Ein paar Warnungen

Um Ihnen eine Vorstellung davon zu geben, was für viele Paare belastend ist, habe ich aus meiner Kartei die am häufigsten geäußerten Einwände und Wünsche zusammengestellt.
- Traue mir etwas zu, und brülle mich nicht immer an.
- Sage mir, wo du hingehst, wenn du das Haus verläßt.
- Besprich mit mir die Finanzfragen unserer Familie.
- Erziehe die Kinder zu mehr Verantwortung, indem du bei deinen Strafen konsequenter bist.
- Gib deine sexuellen Wünsche zu erkennen, damit ich mehr auf dich eingehen kann.

- Sei meiner Mutter gegenüber nicht so abweisend.
- Gehe öfter mit mir aus, und kümmere dich selbst um den Babysitter.
- Sei im Bett zärtlicher.
- Laß deine verborgenen Ressentiments nicht am Kind aus.
- Bringe mich nicht vor anderen durch deine brutale Offenheit in Verlegenheit.
- Unternimm mehr mit mir gemeinsam; gehe mit mir in die Kirche, ohne zu murren.
- Widme mir mehr Zeit und Aufmerksamkeit, wenn du von der Arbeit heimkommst.
- Trommle nicht immer mit den Fingern auf dem Tisch herum.
- Höre dir die Musik an, die ich mag, oder dulde sie wenigstens.
- Wenn dir nicht nach Sex ist, gib nicht erst nach und mache mir hinterher Vorwürfe.
- Kaue nicht an den Nägeln.
- Gehe mit unseren Dingen nicht so schlampig um.
- Habe mehr Verständnis für meine Arbeit, und sei dankbar für den Lebensstil, den sie uns ermöglicht.
- Sei nicht so unorganisiert und unpünktlich.
- Drehe mir das Wort nicht im Mund herum.

Hier haben Sie eine variationsreiche Liste von Beschwerden über das Verhalten des Partners. Wenn es mir gelungen war, die strittigen Punkte zu eliminieren oder zu mildern, konnte ich in fast allen Fällen beobachten, daß die liebevollen Gefühle für den anderen wieder zunahmen. Das kann niemand überraschen, lautet doch Regel 1: Wenn Menschen Sie nett behandeln, behandeln Sie sie nett.

Methoden, um Liebe zu ernten

Zusätzlich zu dem eben erläuterten, den anderen bestärkenden Verhalten, das bei ihm liebevolle Gefühle schafft, wenden wir uns jetzt einigen wichtigen Methoden zu, die erwiesenermaßen die Liebe anfachen.

Wieviel Nähe verträgt der Partner?

Für Ihr weiteres Zusammensein ist es wichtig, festzustellen, wieviel körperliche und emotionale Nähe Ihr Partner tolerieren kann. Ich entsinne mich an ein Abendessen mit einem sehr charmanten Paar. Bei der Verabschiedung streckte mir die Frau ihr Gesicht so nahe entgegen, daß ich mich unbehaglich fühlte. Es lag darin keine sexuelle Absicht, sondern es war einfach ihre Art, Menschen zu grüßen. Sie suchte Nähe und steht damit nicht allein da, wie die neue Tendenz zu Wangenküssen bei der Begegnung und beim Abschied zeigt. Wenn 2 Menschen gleichermaßen keine Berührungsängste haben, sind sie gegenüber anderen sehr im Vorteil, die erst testen müssen, wie nahe sie einander kommen dürfen.

Bei manchen Paaren taucht die Schwierigkeit schon sehr frühzeitig auf. Ein Mann beispielsweise sitzt nicht gern dicht neben seiner Frau, verabscheut Händchenhalten und käme sich affig vor, wenn er ihr zu Hause auf der Couch über das Haar streichelte. Aber er liebt sie sehr, behandelt sie aufmerksam und verständnisvoll und ist ein anständiger, reifer Mann.

Seine Frau dagegen beschwert sich bitterlich, daß sie von ihm nicht genügend Streicheleinheiten, Zärtlichkeiten und Umarmungen erfährt. Sie braucht viel mehr körperliche Zuwendung und Nähe als er. Sie wäre beglückt, wenn er sie jedesmal tätschelte, berührte und küßte, wenn er an ihr vorbeigeht. Das wäre für sie wie eine Liebesmassage für Leib und Seele. Da sie mit solchen Liebesbeweisen kurzgehalten wird, ist sie unglücklich und zweifelt an seinen Gefühlen.

Die Lösung ist einfach: Er muß sich bemühen, seine Hemmungen zu überwinden, und sie öfter berühren. Sie braucht diese Nähe, und nichts anderes wäre ausreichend. Oder aber sie muß sich dazu durchringen, daß die dauernden Berührungen für ihr Wohlbefinden nicht so wichtig sind und sie kein Kuscheltier geheiratet hat; da die Ehe ihr so viel auf anderen Gebieten gibt, lohnt sich das Theater über den vernachlässigten Punkt nicht. Zu einem dieser beiden Schritte müssen sich die Partner entschließen, am besten zu einem Mittelweg. Käme aber diese verschiedene Toleranz gegenseitiger Nähe nicht offen zur Sprache, könnte sie Anlaß zu ernsthaften Unstimmigkeiten und Kummer sein.

Die Wörter, die Sie verwenden

Meiner Meinung nach ist es nicht so wichtig, was die Menschen sagen und wie. Für mich sprechen Taten mehr als Worte. Wenn wir aber die besten Methoden untersuchen, wie Liebe hervorgebracht werden kann, können wir die Augen nicht davor verschließen, das es schon auf das richtige Wort ankommt. Unsere Beziehungen spielen sich ja zu einem großen Teil im Gespräch ab, und deshalb erlangen das gesprochene Wort und der Tonfall große Bedeutung bei unserem Bemühen, im anderen liebevolle Gefühle hervorzurufen.

Manche Menschen bringen ein einfaches »Ich liebe dich« fast nicht über die Lippen. Und doch liegt in diesen Worten ein Zauber und ein fast mystischer Inhalt. Wenn jemand diese 3 kleinen Wörter aufrichtig gesagt bekommt, umfängt ihn ein Gefühl der Wärme, der Bestätigung und des guten Willens, das durch kaum etwas anderes in dem Maß erreicht werden kann.

Häßliche und ordinäre Wörter wirken genauso negativ wie freundliche und sanfte Wörter positiven Einfluß haben. Wenn Sie also für einen anderen Menschen liebenswert erscheinen wollen, sollten Sie abfällige Bemerkungen, Flüche, ordinäre Beschimpfungen und Brüllen vermeiden. Besonders lautstarke Kritik ist vernichtend. Wenn man jemand anschreit, ist das für ihn oder sie ein Ausdruck höchster Ablehnung, Zurechtweisung und bis ins Gefährliche gesteigerten Zorns.

Wenn die Brüllenden nur hören würden, wie bedrohlich sie auf ihre Opfer wirken! Männer ihren Frauen gegenüber und Mütter gegenüber den Kindern machen sich keine rechte Vorstellung davon, wie einschüchternd und beängstigend bereits Anfauchen ist. Sie erzielen also nicht die beabsichtigte Folgsamkeit oder gar Einsicht, denn Verschreckte verlieren ihr Selbstvertrauen und verrennen sich oft in Angstreaktionen bis hin zur Panik.

Manche Frauen haben nicht die Kraft, von ihren Männern die Respektierung ihrer Wünsche zu verlangen, und flüchten sich deshalb in subtilere Praktiken und Winkelzüge. Die Wortgewalt der Frauen übersteigt häufig die der Männer, und so verlegen sie sich auf Nörgeln und Meckern, um ihren Kopf durchzusetzen. Welche andere Methode könnten sie anwenden, die ebensoviel Erfolg verspricht?

Wohldosiert und mit Verstand angewendet, kann Gemecker schon wie eine gute Fee zu den gewünschten Handlungen führen. Aber übertrieben stumpft es nicht nur ab, sondern spannt den Geduldsfaden der Männer bis zum Zerreißen, bis sie mit Trotz reagieren. Kein Wunder, wenn dann ein in die Ecke gedrängter Mann seine Ehefrau am liebsten erwürgen würde.

Die Gefahr von Affenliebe

Es mag in einem Kapitel über die besten Wege zur Liebe verwirrend klingen, wenn ich dazu rate, das eigene liebevolle Verhalten zu dosieren und zu kontrollieren. So seltsam es erscheinen mag, herrscht doch Übereinstimmung bei den führenden Psychotherapeuten, daß ihrer Erfahrung und Praxis nach zu viel Gutes einfach zuviel des Guten ist.

Eine geschiedene Frau in mittleren Jahren hatte die Aufgabe, ihre 3 Kinder großzuziehen, recht gut erfüllt, als ihr Mann sich plötzlich scheiden ließ. Die Kinder waren alle in einem Alter, in dem sie wählen konnten, bei wem sie leben wollten. Sehr zum Schrecken meiner Patientin entschieden sie sich alle für den Vater. Nun war sie eine sehr hingebungsvolle und verantwortungsbewußte Mutter gewesen, die sich ganz dem Wohl der Kinder gewidmet hatte; um so unbegreiflicher war ihr, wieso die Kinder ihr, der liebevollen Mutter, den viel strengeren Vater vorgezogen hatten.

Noch mehr verletzte sie die große Distanziertheit, mit der sie sie behandelten. Obgleich sie nur einige Straßen weiter wohnte, riefen sie kaum an und besuchten sie nur selten, so, als lebe sie 200 Kilometer entfernt. Sie konnte nicht behaupten, die Kinder behandelten sie feindselig oder ohne Zuneigung. Sie erwiesen ihr nur keinerlei Dankbarkeit für alles, was sie für sie getan hatte, sondern hatten einen unverbindlichen Umgangston. Das kränkte sie am meisten.

Meiner Beobachtung nach kann man erwarten, von einem Menschen gemocht – aber nicht geliebt – zu werden, wenn man ihn durchgehend gut behandelt und auf ihn eingeht, aber keine Gefälligkeiten als Gegenleistung fordert, obgleich das Kind oder der Erwachsene durchaus dazu in der Lage wäre. Im allgemeinen bringt man Menschen, die einem Dienstleistungen erbringen, für die wir – außer vielleicht Geld – keine Kompensation erwarten, keine Liebe entgegen. Sie haben für uns den Status von Angestellten, deren Loyalität wir zwar zu schätzen wissen, deren Abschied wir mit nicht viel mehr als etwas Bedauern quittieren. Wir glauben ihnen keine große Zuwendung zu schulden, weil sie ja bezahlt worden sind.

Um Liebe auf Gegenseitigkeit zu erfahren, ist es nötig, daß beide ihre innersten Wunschvorstellungen und Bedürfnisse einbringen können. Wenn nur eine Partei eine Erfüllung findet, ist es ein Verhältnis wie zwischen Diener und Meister. Meine Patientin hat sich also wie alle, die immer nur geben, ohne etwas zu empfangen, wie ein Dienstbote verhalten.

Wie aber hätte sie mit ihren Kindern in gegenseitiger Liebe verbunden sein können? Während die Kinder sie vernachlässigten, hat sie sie mit Affenliebe umworben. Sie hat versäumt, ihre Dienstleistungen zu beschränken oder einzustellen, bis sie einen Gegenwert dafür erhielt, in dem Fall Dienstleistungen der Kinder. Der Entzug von Liebe, Gefälligkeiten oder Diensten kann behutsam beginnen, birgt aber in jedem Fall die potentielle Drohung, beim anderen Gefühle des Unbehagens oder der Vernachlässigung hervorzurufen.

Das ist der Hebel, bei dem Sie ansetzen können, um die Beziehung zu Ihren Gunsten zu beeinflussen. Wenn Sie demonstrieren, daß Sie nicht ganz einverstanden sind, und zur Bedingung machen, daß man auf Sie eingeht, zeigen Sie Ihre Macht, beim Partner Besorgnis, Frustration oder sogar Angst zu erzeugen und ihn zum Einlenken zu zwingen. Sie vermitteln durch Ihre frustrierenden Handlungen, daß Sie sich das schäbige Verhalten nicht gefallen lassen, sondern etwas mehr Rücksicht und Beachtung verlangen. Sollte Ihnen dies nicht entgegengebracht werden, wären Sie bereit, den säumigen Partner durch noch mehr Zurückweisung bis zum bitteren Ende zu bestrafen.

Sobald Ihr Partner und Ihre Kinder erkannt haben, wie ungemütlich Sie es ihnen machen können, und die Vernachlässigung bedauern, werden sie sich vermutlich um Ihre Wünsche kümmern, nur um Sie wieder freundlich zu stimmen. Sie haben begriffen, daß Sie ihnen das Leben zur Hölle machen können, wenn sie dauernd auf Ihren Wünschen herumtrampeln und sich nicht bemühen, Ihre innersten Bedürfnisse zu befriedigen. Solange die Familie sich egoistisch benimmt, haben Sie keinen Grund, für sie Liebe zu empfinden oder sie zu zeigen.

Merken Sie jetzt, wieso ein Mensch, der immer nur gibt und keine Gegenleistung erwartet, meistens nicht geliebt wird? Die übertriebene Nachsicht ist einseitig und zeigt eigentlich den übermäßigen Egoismus einer schwachen Persönlichkeit. Stellt man dagegen Bedingungen, dann zwingt man den anderen zur Aufmerksamkeit und baut eine Beziehung auf Gegenseitigkeit auf, die weit mehr beinhaltet als einen einfachen Austausch von Arbeit und Geld.

Wir haben doch alle schon die Erfahrung gemacht, daß jenen Menschen am meisten Achtung entgegengebracht wird, die am wenigsten Unsinn dulden und sich durchsetzen. Andererseits werden die Nachgiebigen, Unterwürfigen und Demütigen oft wie Fußmatten behandelt und ausgenutzt, und zwar von solchen Menschen, die nur daran interessiert sind, aus einer Beziehung soviel herauszuholen wie möglich.

Ich empfehle also allen Heiligen (außer beim Umgang mit hilflosen Kindern, Tieren und Altersschwachen), nicht der bedingungslosen Liebe zu frönen. Geben Sie nicht alles her für ein Vergeltsgott oder noch weniger. Um lieben zu können und geliebt zu werden, liegt es an Ihnen, Ihrem Partner, Ihren Eltern oder Kindern Unbehagen zu bereiten, wenn sie Sie vernachlässigen. Sie tun das nicht nur sich selbst zuliebe, sondern auch um der anderen willen. Ich halte es nämlich für ungesund und falsch, im Zusammenleben mit Angehörigen ihnen nicht die

Möglichkeit zu geben, sich als teilnahmsvolle und freigebige Menschen zu bewähren.

Provokation als Test

Es gibt noch einen anderen explosiven Komplex zwischen Liebenden, der auch auf einem Übermaß an Liebe basiert. Hier sind es oft die wohlmeinenden Männer, die irrtümlich glauben, der romantischen Liebe alle Wege zu ebnen, wenn sie ihren Frauen jeden Wunsch von den Augen ablesen. Der landläufigen Meinung nach bereitet man ein Nest warmer und geborgener Liebesbeziehungen um so sicherer, je mehr man den anderen mit allem und jedem überschüttet.

Meiner Erfahrung nach ist es aber jeder Beziehung zuträglicher, sich mit dem Partner auseinanderzusetzen und gelegentlich nein zu sagen; darüber hinaus wünschen sich Frauen sogar von ihren Gefährten die Kraft, ihren Forderungen gelegentlich den Riegel vorzuschieben.

Um die Gefährtin zu verstehen und ihre Bedürfnisse zu respektieren, ist die Erkenntnis wichtig, daß sie von einem Mann gewisse Führungsqualitäten und Entschlußfreude erwartet, einen Menschen, auf den sie sich im Notfall verlassen und stützen kann. Sie sucht im Partner Stärke.

Frauen stellen ihre Männer manchmal auf die Probe und machen sie zu Versuchskaninchen. Sie geben sich unkooperativ, schwierig bis launisch und schikanieren ihn, nur um zu sehen, was der Gute zu tun gedenkt. Wenn er sich mit einem Achselzucken vor der Auseinandersetzung drückt, wird ihre Befürchtung bestätigt, nämlich, daß ihr Beschützer weiche Knie hat. Was sie erreichen wollte, war, Widerstand bei ihm zu wecken; er sollte ihr zeigen, daß er Manns genug ist, notfalls auch ohne sie auszukommen, und wenn sie ihn zurückstößt, obgleich er Himmel und Hölle für sie in Bewegung setzt, dann mochte sie ruhig ihre Klamotten packen und abhauen. Diese Reaktion wünscht sie sich insgeheim, weil sie ihr beweist, daß er Zivilcourage hat und kein Pantoffelheld ist, der sich leicht ins Bockshorn jagen läßt. Daß er nicht auf sie angewiesen ist und sie ihn nicht um den Finger wickeln kann, ist die Erfahrung, die sie machen wollte und provoziert hat. Der Mann kann einem leid tun, der so am Schürzenzipfel seiner Angetrauten hängt, daß er weich wird und ihr ganz und gar nachgibt. Er merkt nicht, daß er mit jeder Minute auf den Knien ein weiteres bißchen Achtung verspielt. Wenn er sich dagegen auf die Hinterbeine stellt und nicht als Memme dasteht, wird die Frau vielleicht das Haus zusammenbrüllen. Sie protestiert lauthals gegen seine Ungerechtigkeit, daß er bekomme, was er verdiene, und daß er sie nicht liebe und so weiter. Und der arme Mann mag um seine romantische Liebe bangen und bei diesem Sturm im Wasserglas klein beigeben. Dann wäre er schlecht beraten.

Was er als totale Zurückweisung der Frau erlebt, ist in Wirklichkeit die Krönung des Tests. Sie muß herausbekommen, ob er unter Druck standhält oder zusammenklappt. Wieviel hält er aus? Zeigt er bei Streit und Vorwürfen Schwäche? Wenn er ihr trotz allem entgegentritt und ihrem Terror und dem theatralischen Protest nicht nachgibt, gibt es ihr die Gewißheit, daß er ein reifer, starker und zuverlässiger Erwachsener ist, der sich nicht einmal durch hysterische Beschuldigungen und Trennungsängste aus dem Konzept bringen läßt.

Verführung einmal anders

Wie ich ausgeführt habe, ist bei dem Spiel um lieben und geliebt werden wichtig, sich in der Erfüllung innerster (auch widersprüchlicher) Wunschvorstellungen zu üben; doch dazu muß man sie kennen. Bei den meisten ist das kein Problem, sondern läßt sich bereits über einer Tasse Kaffee klären. Aber manchmal erweisen sich die Anforderungen des Partners als undurchschaubar und verblüffend. Die Männer sollten sich also bei ihrem Liebeswerben darüber im klaren sein, daß es Ausnahmen für die aufgestellten Regeln gibt.

Im allgemeinen haben wir gelernt, daß Frauen sich durch Süßholzraspeln, Juwelen, Blumen, Kerzendiners und die netten

Artigkeiten betören und verführen lassen. Die Verführung ist die vorrangige Methode, die Männern in den Sinn kommt, wenn sie erfolgreiche Liebhaber sein wollen. Die sanfte Tour wirkt auch ganz gut, aber nur, wenn die Frau in einer dafür empfänglichen Stimmung ist und sich verführen lassen will.

Daß die Kraft nicht-sexbetonter Handlungen zum gleichen Ergebnis führt, ist in den Köpfen noch nicht recht durchgedrungen. Das überrascht aber nicht, wenn Sie sich immer meine Definition von Liebe vergegenwärtigen, daß wir nämlich diejenigen lieben, die uns glücklich machen. Wenn es also eine Frau sehr glücklich machen würde, wenn der Mann mit den Kindern ins Kino ginge, damit sie einen Nachmittag für sich hat, hätte diese Handlung eine verführerische Wirkung. Ein Mann, der das wiederholt für sie tut, hätte bei ihr gewonnen. Sie hält ihn für aufmerksam, zartfühlend und liebevoll, und wenn sich eine Frau geliebt fühlt, ist ihr auch nach Zärtlichkeiten zumute.

Das heißt mit anderen Worten, daß ein Mann seine Frau um so bereitwilliger ins Bett bekommt, wenn er sie nicht bedrängt und über Sexmangel klagt, sondern abwäscht, das Wohnzimmer saugt, ihren Wagen zur Inspektion fährt, die Lebensmittel einkauft oder auch nur mit ihr in Ruhe spricht. Jeder andere Raum des Hauses ist mehr sexy als das Schlafzimmer. Und die Einstimmung auf das Liebesleben beginnt am besten am Frühstückstisch.

Eine andere weibliche Reaktion, mit der die meisten Männer nicht rechnen, ist eine Ablehnung von sexuell ausgerichteten Liebkosungen, wie Männer sie mögen. Wenn eine Frau nicht in Stimmung ist, empfindet sie sie genauso störend wie Mücken während eines Sonnenbads. Wenn sie am Herd steht, fühlt sie sich eher genervt als angetan, wenn ihr Mann sie von hinten umfängt und ihre Brüste streichelt. Manchmal haben Frauen einfach keine Lust auf sexuelle Annäherungen. Sie kommen sich sonst wie Lustobjekte vor, die zur Verfügung zu stehen haben, und wehren sich gegen solche Übergriffe.

Es kann auch passieren, daß Frauen sich einfach nicht entspannen und Sex genießen können, gleichgültig, wie die Männer sich anstrengen. Dabei spielt die sexuelle Programmierung ebenso eine Rolle wie die Erziehung oder schlechte Erfahrungen. Frauen, die vergewaltigt worden sind, vielleicht sogar von einem nahen Verwandten, müssen erst langsam wieder Zutrauen zum anderen Geschlecht fassen. Auch die schmerzhafte Zurückweisung durch einen Liebhaber oder andere emotionale Probleme sind Hinderungsgründe für ein unkompliziertes Liebesleben. Der Mann kann nichts für diesen Zustand, der seine Geduld auf eine harte Probe stellen wird. Er ist also der Leidtragende – wie sie – für Umstände, die vorher eintraten und die auszugleichen seine Kräfte und Fähigkeiten übersteigen mögen.

Von ihrer Rolle ausgehend, sind Frauen auf sexuellem Gebiet besonders verletzlich, woraus Probleme entstehen können. Sie können zu Masochismus neigen, zu Promiskuität oder zu starken Verklemmungen. Eine typische weibliche Reaktion auf männliche Brutalität ist ein Vertrauensverlust, der sich oft in einer Angst vor Intimitäten äußert. Sofern Sie nicht selbst diesen Horror vor intimer Nähe erlebt haben, werden Sie kaum begreifen, wie ungeheuer verletzlich und vorsichtig Frauen (und Männer) sind, um nicht wieder zum Opfer zu werden.

Wenn Sie einen Partner oder eine Partnerin mit extremer Angst vor Intimitäten haben, sollten Sie besonders viel Geduld aufbringen. Die sexuelle Zurückweisung geschieht nicht böswillig und richtet sich nicht gegen Sie. Ihre Furcht sitzt tief, und ihr Vertrauen ist so erschüttert worden, daß sie viel Zeit braucht, um darüber hinwegzukommen. Wenn Sie hastig und unbeholfen vorgehen, werden Sie das Ziel Ihrer Wünsche verlieren. Aber wenn Sie sich mit Geduld und Zärtlichkeit wappnen, Rückschläge in Kauf nehmen und Ihre Bemühungen behutsam wochenlang, monatelang bis jahrelang fortsetzen, wird Ihre Ausdauer belohnt werden. Sollten Sie aber wütend werden, sie beschimpfen und mit der Trennung drohen, dann haben Sie verspielt. Denn diese Behandlung geht mit der traumatischen Erfahrung Hand in Hand und wird das Problem also nur vergrößern und verlängern.

Zusammenfassung

In diesem Kapitel habe ich beschrieben, wie stark sich die Bestätigungsmethode auswirkt. Um Kooperation, Achtung und Liebe auszulösen, gibt es keine schönere und bessere.

Regel 1 besagt, daß man die Menschen nett behandeln soll, die einen nett behandeln. Ich habe versucht, die Verhaltensweisen aufzuzeigen, um derentwillen die anderen Sie lieben werden, aber auch die Schattenseiten, bei denen es Ihnen kaum gelingen wird, eine Liebe auf Gegenseitigkeit aufzubauen. Anscheinend funktioniert also Regel 1 nicht in allen Fällen, und darauf sollten Sie sich einrichten. Wären Lob und Bestätigung immer erfolgreich, dann wären die Regeln 2 und 3 überflüssig.

Prägen Sie sich also ein, daß im allgemeinen eine starke Zustimmung das gewünschte Verhalten unterstützt. Sie können davon ausgehen, daß bestimmte angenehme Eigenschaften und Handlungen deshalb existieren, weil sie von irgendwoher eine Bestärkung erfahren. Manchmal ist die Quelle der Unterstützung nur schwer auszumachen, weil sie bereits minimale Anregungen sprudeln läßt. Wenn aber Ihre ernsthaften Bemühungen nicht zu der gewollten Verhaltensänderung führen, dann sollten Sie Ihre eigenen Handlungen unter die Lupe nehmen und auch in der Umgebung nachforschen, wer vielleicht unwissentlich das unerwünschte Benehmen belohnt.

Nun werden Sie sich natürlich fragen, was Sie unternehmen sollen, wenn Sie schlecht behandelt werden. Das wird das Thema der nächsten beiden Kapitel sein.

Die andere Wange hinhalten

Regel 2, um Kooperation, Respekt und Liebe zu erreichen, lautet: Wenn Menschen Sie schlecht behandeln, behandeln Sie sie weiterhin nett, halten Sie ihnen die andere Wange hin, vergelten Sie Böses mit Gutem, dulden Sie Übergriffe – eine vernünftige Zeit lang.

Sie werden erkannt haben, daß sich in dieser Formulierung die Lehren des Christentums widerspiegeln. Hier wird geraten, mit Menschen Geduld zu üben, die uns schlecht behandeln, ihnen trotz ihrer Untaten die Zuneigung nicht zu entziehen, keine Mühe zu scheuen, ihnen entgegenzukommen, ihnen die andere Wange hinzuhalten, sich mit ihnen zusammenzusetzen und ihnen gut zuzureden und ihnen viel Zeit zu lassen, um sich zu ändern. Das sind wunderbare Maximen, und sie lassen denen, die uns nerven, viel Spielraum.

Wenn wir Regel 2 anwenden, gehen wir davon aus, daß uns Unrecht widerfahren ist, daß wir unterdrückt, mißbraucht und frustriert werden – nicht aus Bösartigkeit, aus Feindseligkeit oder böser Absicht, sondern aus Unwissenheit und Unverständnis. Deshalb rüsten wir uns nicht sofort zur Gegenattacke oder strafen den anderen mit Mißachtung und Zurückweisung, nur weil er sich falsch benimmt. Wir gehen davon aus, daß eine Erklärung dazu führen wird, daß er uns besser versteht. Wir hoffen, daß wir durch unsere Geduld den anderen zur Einsicht und anschließend zu entsprechenden Taten verleiten können. Wir erwarten zu Recht, daß unsere liebevolle Behandlung den anderen aus der Defensive lockt, so daß er unser Opfer zu würdigen weiß und unser warmherziges Verhalten mit liebevollem Verhalten vergilt. Die Literatur ist voll von Verwandlungen, die großherzige Menschen durch tatsächliche Leiden bei anderen bewirkt haben.

Es ist keine leichte Aufgabe, soviel Geduld und Verständnis aufzubringen und die eigenen neurotischen und destruktiven Emotionen zu überwinden, wenn wir schlecht behandelt worden sind. Die Feinde zu lieben und dem Sünder zu vergeben, obgleich man die Sünde ablehnt, ist eine Haltung, die sich nur durch viel Anstrengung erlernen läßt.

Im Kern mangelt es uns an Verzeihen und Geduld, wenn wir selbst emotionell gestört sind. Impulsive Menschen mit wenig Selbstdisziplin, die zu panischen Reaktionen und Eifersucht neigen, hätten Gelassenheit am nötigsten, wenn sie sich angegriffen fühlen. Je stabiler Sie sind, desto ruhiger können Sie inmitten von Labilen bleiben. Nichts in der Welt läßt neurotisches Benehmen und Ungerechtigkeiten schneller eskalieren, als sich ebenso zu erregen wie der Übeltäter. Die Chancen stehen schlecht, daß Sie ein aufgeschlossener, toleranter und geduldiger Mensch werden, der auch die anderen bestehen läßt – auch wenn sie gerade danebengehauen haben –, wenn Sie selbst feindselig, verbittert und hysterisch sind. Ihnen wird es dann kaum gelingen, selbst nett zu denen zu sein, die Sie schlecht behandeln, es sei denn, Sie bekämen Ihre Emotionen in den Griff.

In diesem Kapitel will ich auf die Psychopathologie eingehen, auf verquere emotionale Reaktionen, wie sie entstehen und wie man ihnen begegnen kann.

Die 4 Möglichkeiten gegen Frust

Vor der tatsächlichen Beschreibung, wie wir unsere eigenen emotionalen Probleme schaffen und was wir dagegen tun können oder wie diese Probleme uns daran hindern, Respekt und Liebe zu erlangen, führe ich Ihnen erst vor Augen, weshalb neurotisches Verhalten so viel Schaden anrichtet.

Es gibt 4 Möglichkeiten, wie man sich in sehr frustrierenden Situationen verhalten kann. Neurotisch und zerstörerisch ist mit Sicherheit die vierte und nicht zu empfehlen. Doch es geht auch anders, wie die ersten 3 Möglichkeiten beschreiben.

Möglichkeit 1: Toleranz ohne Groll

Der 1. Weg, den wir oft einschlagen, wenn andere Menschen schwierig sind, ist, ihr Benehmen ohne Empörung zu dulden. Wir neigen dazu, darüber hinwegzugehen, es nicht überzubewerten, es mit Nachsicht hinzunehmen und uns einzureden, daß es keine große Sache ist, so daß wir stillschweigend darüber hinwegsehen können.

So benehmen wir uns unzählige Male, und das ist auch klug. Viele der kleinen Ärgernisse des Alltags lohnen kaum, das Kriegsbeil auszugraben, und deshalb haben wir uns angewöhnt, belanglose Störungen mit einem Achselzucken zu quittieren und uns zu sagen, so ist das Leben eben.

Jedesmal, wenn Sie so reagieren, beenden Sie die frustrierende Situation selbst, über die sich aufzuregen müßig ist. Falls es nicht in Dickfelligkeit ausartet, ist das ein sehr reifer Umgang mit persönlichen Schwierigkeiten, nach dem Motto, daß der Klügere und Erwachsenere nachgibt. Sie sind also ein Mensch mit genügend Geduld und Toleranz und lassen sich nicht von jeder Kleinigkeit aus der Fasson bringen.

Möglichkeit 2: Protest

Wenn es Ihnen immer schwerer fällt, den Übergriffen mit Nachsicht und ohne Groll zu begegnen, weil sie sich häufen, verlieren Sie langsam die Geduld. Jetzt halten Sie nicht mehr die andere Wange hin, sondern werden störrisch. Sie protestieren, werden unangenehm und schwierig, damit der andere merkt, wie ernst es Ihnen mit der Sache ist und daß er seine Einstellung ändern muß, weil Sie so empört sind. Bei dieser Strategie streiken Sie und erklären den kalten Krieg, bis Sie bekommen, was Sie wollen.

Wenn das nicht wirkt, fühlen Sie sich sehr ungemütlich, denn der kalte Krieg führt zu einem gespannten Verhältnis. Nun können Sie immer noch auf die vorige Möglichkeit zurückgreifen und ohne Groll zurückstecken, weil das Resultat den

Aufwand nicht lohnt, oder aber Sie visieren die nächste Möglichkeit an.

Möglichkeit 3: Trennung oder Scheidung

Die meisten unliebsamen Situationen müssen Sie nicht ertragen, wenn Sie nicht wollen. Zum Glück haben wir die Wahl, ob wir in einem Job ausharren wollen oder nicht, ob wir einen Freund behalten oder eine Ehe weiterführen wollen oder nicht. Trennung und Scheidung werden heute als probates Mittel und günstiger Ausweg angesehen, der allen offensteht. Wenn wir nicht länger gegen unzumutbares Verhalten ankämpfen oder unsere Rechte gegen starken Widerstand durchsetzen können, was bleibt uns dann bei gesundem Menschenverstand anderes übrig? Am gescheitesten ist es dann, eine so kranke Beziehung zu beenden, falls sich das bewerkstelligen läßt.

Möglichkeit 4: Toleranz mit Groll

Wenn wir mit negativem Verhalten konfrontiert werden, reagieren wir am häufigsten mit offensichtlichen Störungen im eigenen Verhalten oder mit einem inneren Aufstau von unguten Gefühlen, die bis zu körperlichen Beschwerden führen können. Wenn wir uns einer Situation lange Zeit aussetzen, die uns im Innersten empört, schaffen wir ideale Voraussetzungen für alle Arten von psychosomatischen Symptomen. Dazu gehören Kopf- und Magenschmerzen, Schlafstörungen und Nervosität. Das ist der sicherste Weg zu Depressionen, Wutanfällen, allgemeiner Interesselosigkeit am Leben und großer Passivität. Eventuell essen und trinken wir zuviel, oder wir essen zuwenig. Vielleicht suchen uns sexuelle Phantasien heim, oder wir begehen tatsächlich einen Seitensprung. Andere kauen nur Nägel und weinen sich aus. Auf jeden Fall nehmen unsere Störungen zu, je mehr wir Frustrationen zwar erdulden, aber mit großem Widerwillen und Groll.

Das ist also keine gute Methode, wie man mit unpassendem Verhalten fertig wird. Im Gegenteil, ich empfehle nachdrücklich, diese 4. Möglichkeit unter keinen Umständen in Betracht zu ziehen.

Die ersten 3 Möglichkeiten mögen zwar einige Zeit in unterschiedlichem Maß unbequem oder anstrengend sein, bringen aber schließlich eine Erleichterung. Wenn wir ein Fehlverhalten ohne innere Verrenkungen dulden, ist der Fall ja bereits erledigt. Wenn wir protestieren und es unseren Partner fühlen lassen, mag eine Weile die Hölle los sein, aber meistens tritt schließlich die gewünschte Änderung ein und beendet unsere Leidenszeit. Das gleiche Resultat hat eine Trennung oder Scheidung. Am Anfang empfinden wir diesen Bruch zwar als sehr schmerzhaft, aber dann bauen wir ein eigenes Leben allmählich auf und schaffen häufig sogar, daß sich unsere menschlichen Beziehungen verbessern.

Bei der 4. Möglichkeit ist dagegen keinerlei Besserung zu erwarten. Wenn wir auf die unerträgliche Situation durch dauernden Groll und alle möglichen gesundheitlichen Störungen reagieren, kann sich die Lage nur noch verschlimmern.

Wir müssen deshalb lernen, es gar nicht erst zu psychischen Problemen kommen zu lassen. Das ist aus 2 Gründen sehr wichtig. Zum einen ist es sehr leidvoll, neurotisch zu sein. Wann immer man sich aufregt, schadet man mehr sich selbst als dem anderen. Zweitens ist es schwer genug, als reifer Mensch Regel 2 zu befolgen und rücksichtsloses und aggressives Verhalten mit liebevoller Nettigkeit zu vergelten, schon gar, wenn man selbst gestört ist. Es bedarf schon einer großen Selbstbeherrschung und einer edlen Gesinnung, entsprechend Regel 2 die Feinde zu lieben und ihnen entgegenzukommen. Ein gestörter Mensch schafft das nicht. Aber Menschen mit einem seelischen Gleichgewicht sind dazu eher in der Lage und haben damit schon wahre Wunder vollbracht.

Der Rest dieses Kapitels ist der Vertiefung von 2 Möglichkeiten gewidmet, wie mit Streß umgegangen werden kann, der Toleranz mit und ohne Groll. Es muß erreicht werden, daß wir die Schwierigkeiten ertragen, dabei aber den Groll ausschalten. Genau darum dreht sich Regel 2, nämlich die andere Wange als liebesfördernde Methode hinzuhalten.

Im anschließenden Kapitel untersuchen wir 2 andere Möglichkeiten für die Lösung frustrierender Situationen: Protest sowie

Trennung oder Scheidung. Diese Möglichkeiten basieren auf Regel 3 zum Erreichen von Kooperation, Achtung und Liebe: Wenn Menschen Sie schlecht behandeln und die 2. Regel nicht funktioniert, behandeln Sie sie ebenso schlecht mit etwa der gleichen Intensität, aber ohne Zorn.

Wie wir uns aufregen

Wenn wir lernen wollen, Frustrationen ohne Groll zu ertragen, müssen wir begreifen, daß emotionale Störungen dadurch ausgelöst werden, wie wir uns selbst die Probleme schaffen. Es liegt an unserer Interpretation, an unseren Gedanken, ob wir deprimiert, zornig, ängstlich oder eifersüchtig sind. Nicht die Menschen und ihr Benehmen uns gegenüber erschaffen diese negativen Gefühle, sondern das, was wir aus dem Benehmen machen.

Auf einen einfachen Nenner gebracht, gibt es 12 irrationale Vorstellungen, auf denen fast alle landläufigen seelischen Störungen basieren. Eine Depression wird von einem Zusammentreffen von 2 oder 3 solcher Vorstellungen verursacht. Zorn entsteht durch eine Kombination von einigen anderen irrigen Annahmen, ebenso wie Angst und Sorgen, Eifersucht, Zaudern und Passivität. Wenn Sie unter Störungen leiden, sollten Sie sich beobachten, wie Sie mit sich über das Problem reden, und dann die Gedanken aussortieren, welche vernünftig sind und welche nicht. Und am Ende überzeugen Sie sich im Selbstgespräch von der Verrücktheit der irrationalen Vorstellungen und lassen sie fallen. Dadurch werden bei Ihnen nicht nur angepaßte Verhaltensweisen angeregt, sondern Sie werden sich besser fühlen und nicht mehr irritiert sein.

Die 12 irrationalen Vorstellungen

Wir haben 12 verrückte Ideen im Kopf, mit denen wir uns selbst aufregen und davon abhalten, die Dinge ruhig und ohne Groll tolerant zu betrachten. Sie sollten sich die Ideen einprägen, damit Sie jedesmal schnell den Irrglauben oder die Kombination von falschen Vorstellungen identifizieren können und wissen, warum Sie gerade in die Luft gehen und an der Welt verzweifeln.

Nr.	Verrückte Idee
1	Es ist als Erwachsener absolut nötig, von den wichtigen Menschen in unserem engen Kreis geliebt und geschätzt zu werden, um ein Selbstwertgefühl zu entwickeln.
2	Wenn wir nicht außergewöhnlich, fähig und erfolgreich sind, sind wir weniger wert als Menschen mit diesen Vorzügen.
3	Die Menschen sind schlecht, bösartig oder niederträchtig und müssen wegen ihrer Schlechtigkeit streng gescholten und bestraft werden.
4	Es ist schrecklich und unerträglich, wenn die Dinge nicht so sind, wie wir sie sehr gern hätten.
5	Das menschliche Glück hängt von äußeren Umständen ab. Deshalb haben wir kaum die Möglichkeit, unsere Sorgen und Störungen unter Kontrolle zu bekommen.
6	Wenn wir etwas Gefährlichem oder Bedrohlichem begegnen, müssen wir uns viele Sorgen machen und über alle möglichen Konsequenzen grübeln.
7	Es ist einfacher, bestimmten Schwierigkeiten und Verantwortungen auszuweichen, als ihnen entgegenzutreten.
8	Es ist vernünftig und gesund, von anderen abzuhängen, die stärker sind und auf die wir uns verlassen können.
9	Unsere Vergangenheit bestimmt unser derzeitiges Verhalten; das, was einmal unser Leben beeinträchtigt hat, wird sich immer als Hindernis auswirken.
10	Wir sollten uns unbedingt über die Probleme und Störungen anderer Menschen aufregen.
11	Für alle menschlichen Probleme gibt es mit Sicherheit eine richtige, angemessene und perfekte Lösung. Ehe

diese ideale Lösung gefunden ist, ist es klüger, die Hände in den Schoß zu legen und nichts zu unternehmen.

12   Die Wertvorstellungen von anerkannten Autoritäten oder der Gesellschaft müssen richtig sein und sollten nicht in Frage gestellt werden.

Da haben Sie in einer Kurzfassung alle Einstellungen, die mit Sicherheit zu seelischen Problemen führen. Die genannten Feststellungen oder Variationen davon werden von uns unbesehen übernommen und als Richtschnur bei Krisen verwendet. Und je nach der irrationalen Vorprogrammierung und ihren Bestandteilen kocht in unserem Innern eine Gefühlssuppe hoch, die sich wie bei einem leckeren Gericht aus vielen Zutaten zusammensetzt.

Wenn Ihnen also an einer gesunden seelischen Entwicklung liegt, sollten Sie Ihre Motive gründlich unter die Lupe nehmen. Sie werden viele unlogische, unvernünftige, verzerrte und idiotische und demzufolge selbstzerstörerische vorfinden. Die zitierten irrationalen Vorstellungen werden zu Depressionen beitragen, mit allen entsprechenden Ursachen – Selbstverachtung, Selbstmitleid, Mitleid und schließlich Zorn und Angst.

Depression aus Selbstverachtung

Der Mensch verfällt in Depressionen durch 3 Einstimmungen: Selbstverachtung, Selbstmitleid und Mitleid mit anderen.

Jedesmal, wenn man sich niedermacht, haßt, minderwertig vorkommt oder wegen einer unakzeptablen Tat sehr schuldig fühlt, neigt man dazu, nicht nur die Handlung an sich zu verabscheuen, sondern sich als gesamtes menschliches Wesen abzulehnen. So definiere ich *Selbstvorwurf.* Damit greifen wir nicht nur unsere Handlungen, sondern auch uns selbst an und stellen uns völlig in Frage. Es gelingt uns nur schwer, unser Wesen vom unakzeptablen Verhalten zu unterscheiden, und deshalb fühlen wir uns wertlos, schuldig und deprimiert, anstatt nur unser Fehlverhalten zu kritisieren.

Um Schuld- und Minderwertigkeitsgefühle und Selbstverachtung zu überwinden, müssen wir zwei verschiedene Gedankengänge vollbringen: Zum einen müssen wir bei der Beurteilung einen Trennungsstrich zwischen uns als Mensch und unserem Verhalten ziehen. Zum anderen müssen wir uns unsere Missetat verzeihen.

Wie sollen wir diesen Trennungsstrich ziehen? Bei uns, wie wir es bei anderen Menschen tun. Wenn Ihr junger Hund Ihr Zimmer durcheinanderbringt und überall hinpinkelt, paßt Ihnen das natürlich nicht, aber deshalb hassen Sie den Hund nicht. Wenn ein Kind eine kostbare Vase umwirft, wird es Ihnen um das gute Stück leid tun, aber Sie werden deshalb das Kind nicht für ein Monster halten.

Die 2. Aufgabe ist, sich das Fehlverhalten zu verzeihen, selbst wenn Sie sich deswegen nicht hassen. Ihr unpassendes Benehmen kam daher, daß Sie ein unvollkommener Mensch sind wie wir alle, unwissend oder gestört. Vielleicht mangelt es Ihnen an der Reaktionsschnelligkeit oder Koordination, um einen guten Boxer oder Tennisspieler abzugeben. Oder Sie hatten keine Gelegenheit, diese Fähigkeiten zu entwickeln. Oder Sie sind so erregt, daß Ihnen nichts gelingt, daß Sie zwei linke Hände haben.

Wenn Sie mit den hausgemachten Selbstvorwürfen fertig werden, wird es Ihnen viel leichter fallen, ohne Groll Toleranz gegenüber dem merkwürdigen Benehmen anderer zu üben. Sie schaffen es dann, sich zu überlegen, was das Problem des Partners sein mag und warum er oder sie sich schlecht benimmt. Lag es daran, daß er nicht konnte, es nicht gelernt hatte oder unter einer Störung litt? Wenn man also sich selbst und den anderen die Fehler nachsieht, kann man unmöglich verbittert und nachtragend reagieren.

Wenn man Schuldgefühle überwindet, zeigt sich noch ein weiterer Vorteil – man wird Selbstachtung bekommen und beibehalten können. Das ist eine Qualität, die wir bei anderen schätzen und die bei uns starke Zustimmung bis Liebe hervorruft. Menschen ohne Selbstachtung werden von anderen im allgemeinen auch nicht respektiert. Wenn Sie bei sich keinen Selbsthaß zulassen, gleichgültig, was Sie »verbrochen« haben, und wenn Sie sich nicht für schlecht, minderwertig oder unfähig halten, werden Sie auch nicht unter Schuldgefühlen oder einem Minderwertigkeitskomplex leiden. Statt dessen können Sie den Kopf hochrecken, die Schultern straffen und auf sich stolz sein, selbst wenn manches, was Sie tun, Ihnen nicht zur Ehre gereicht. Solche Menschen verdienen Bewunderung, und die wird ihnen auch meist entgegengebracht. Und mit diesem Selbstvertrauen schadet es ihnen auch nicht, die andere Wange hinzuhalten, ohne Groll!

Selbstmitleid

Der sicherste Weg in eine Depression führt über das Selbstmitleid. Auch wenn wir das nicht gern zugeben, so neigen wir doch alle sehr dazu, uns zu bedauern. Keiner bildet da eine Ausnahme, und wir haben ja auch allen Grund. Die Welt, in der wir leben, ist nur selten das einladende und vollkommene Paradies, das wir uns erträumen. Sie ist manchmal grausam, oft heimtückisch und leider allzu häufig völlig ungerecht. Ein Verbrecher kann ungeschoren mit einem Mord davonkommen, während ein kleiner Mann ins Kittchen wandert, der aus Hunger und Verzweiflung ein bißchen Essen gestohlen hat.

In dem Augenblick, in dem Sie sich für ein bedauernswertes Geschöpf halten, haben Sie ihre Lebensumstände gravierend verschlechtert; das sollten Sie sich vor Augen führen. Selbstmitleid bringt nichts. Es schränkt Ihre Fähigkeiten drastisch ein. Es saugt aus Ihnen die Kraft, den Ungerechtigkeiten dieser Welt entgegenzutreten. Und es führt dazu, daß Ihre Mitmenschen einen Bogen um Sie machen und Sie in Ruhe Ihre Wunden lecken lassen.

Eine der Nebenwirkungen von Selbstmitleid ist, daß wir damit die Geduld unserer Nächsten auf eine harte Probe stellen. Niemand hat viel für einen übrig, der jammert und klagt und wehleidig lamentiert. Viel gescheiter wäre es, die Ärmel aufzukrempeln und gegen die Widrigkeiten anzukämpfen, oder falls das nicht möglich ist, sie mit Anstand zu akzeptieren.

Ein Mensch, der in einer Zwangslage nicht in Tränen ausbricht oder sich in Hysterie oder Depression flüchtet, als könne er damit alles zum Guten wenden, zeigt Reife und wird Liebe und

Respekt ernten. Wenn wir uns aus dem Selbstmitleid herausreißen, ist unsere Chance hervorragend, der Frustrationen Herr zu werden und uns zu einer Toleranz ohne Groll, unserer ersten Möglichkeit, aufzuschwingen.

Mitleid
Die verrückte Vorstellung, die bei uns das traurige Gefühl von Mitleid hervorbringt, ist: »Wir sollten uns unbedingt über die Probleme und Störungen anderer Menschen aufregen.« Warum eigentlich?
Was nützt es anderen, wenn wir uns aufregen und uns große Sorgen über ihr Mißgeschick machen? Hilft es ihnen? Wieso? Gibt es ihnen Mut, um weiterzumachen, oder raubt es ihnen nicht eher Selbstvertrauen und Zuversicht, um sich gegen die Widrigkeiten zur Wehr zu setzen.
Es ist gesund und moralisch, wenn wir uns um einen Menschen kümmern und sorgen, wenn er Schwierigkeiten oder ein Mißgeschick hat. Wir können Hilfen anbieten, ihn unterstützen, wieder auf die Beine zu kommen, und unseres Bruders Hüter sein. Hilfe ist angebracht, nicht nur Mitleid als Gefühlsduselei.
Es kann aber auch sein, daß wir unsere Hilfsbereitschaft und Besorgtheit übertreiben und zu viel Mitgefühl mit den Leiden anderer aufbringen, mit ihnen gewissermaßen im Kummer baden und praktische Handreichungen aus den Augen verlieren. Vielleicht ist geteiltes Leid halbes Leid, aber zur Lösung der Probleme trägt das nicht viel bei.

Ärger
Mit Zorn und Ärger machen wir uns alle das Leben schwer. Zorn entsteht dadurch, daß wir uns praktisch das gleiche einreden wie der, der sich selbst bemitleidet: »Es ist schrecklich und unerträglich, wenn die Dinge nicht so sind, wie wir sie gern hätten.« Dem fügen wir gern noch eine weitere verrückte Idee hinzu: »Die Menschen sind schlecht, bösartig und niederträchtig und müssen wegen ihrer Schlechtigkeit streng gescholten und bestraft werden.« Diese Kombination führt unweigerlich zu Verbitterung, Groll, Haß, Aggression und natürlich Zorn.

Zorn ist immer etwas, das von uns hervorgebracht wird, nicht von anderen, genauso wie Depression nur durch uns und nicht durch andere entsteht. Ein ärgerlicher Mensch glaubt dummerweise, daß er wegen seiner Anständigkeit und Nettigkeit gewisse Dinge nicht nur wünscht, erträumt, möchte und will, sondern daß das Gewünschte ein dringendes Bedürfnis, eine Lebensnotwendigkeit und rechtmäßige Forderung ist. Ein Opfer von Zorn sind Sie, wenn die zu unabdingbaren Forderungen erhobenen Wünsche nicht erfüllt werden. Hätten Sie Ihre Wünsche weiterhin als etwas Erstrebenswertes angesehen, das dann unerfüllt blieb, dann hätten Sie nur mit Bedauern oder Enttäuschung reagiert. Niemand ärgert sich, wenn er oder sie das bekommt, was er will.

Überlegen Sie mal, wie viele Wünsche Sie im Lauf eines Lebens hatten, die nie befriedigt wurden. Wie oft haben Sie sich geärgert, weil Sie nicht am Strand eine Schatzkiste gefunden haben? Oder weil Sie letzte Woche nicht für den Film entdeckt wurden? Oder weil Sie nicht berühmt sind? Das sind alles Wünsche, von denen es Tausende gibt, aber wir reagieren nicht mit Zorn, wenn sie uns nicht erfüllt werden.

Wenn Sie aber nur einen Moment glauben, daß Ihnen die Erfüllung zusteht, daß Sie Ihren Kopf durchsetzen werden, weil Sie im Recht sind, dann haben Sie einen Wunsch in eine neurotische Forderung verfälscht, und anstatt gesunder Träume erleben Sie neurotische Gefühle.

Wenn Sie niemals in Ihrem Leben wieder einen Grund haben wollen, sich zu ärgern, können Sie das ganz leicht dadurch bewerkstelligen, daß Sie nie wieder aus einem Wunsch eine Forderung machen.

Es gibt 2 *Ausnahmen* zu der Regel, daß Zorn immer neurotisch ist. Die eine ist eine Notsituation, wenn Ihr Zorn einen anderen von gefährlichem Tun abhält, wo es auf Sekunden ankommt. Beispielsweise kann Ihr Kind vor Schrecken erstarren, wenn Sie es anbrüllen und damit verhindern, daß es überfahren wird. Die 2. Notsituation ist, wenn Sie in höchstem Zorn Ihr Leben verteidigen, zum Beispiel, wenn Sie von 2 Räubern überfallen werden. In solchen Momenten ist es völlig egal, ob Ihr Verhalten als neurotisch eingestuft wird, solange Sie Ihr Leben oder das eines anderen damit retten können.

Wir müssen uns vornehmen, auf irritierendes Verhalten ruhig und reif zu reagieren, uns nämlich nicht einzubilden, daß wir alles haben müssen, das wir wünschen, die Menschen nicht für böse zu halten, die uns nerven, und schließlich nicht zu meinen, daß böse Menschen sich bessern, wenn man sie einlocht, foltert, beschimpft und sie spüren läßt, daß sie der letzte Dreck sind. Welch eine Reaktion kann man von jemandem erwarten, der gewalttätig behandelt wird? Angst zum einen, aber noch mehr Haß.

Angst

Hier sind auch alle verwandten Emotionen, wie Kummer und Sorgen, Nervosität und Panik, gemeint, alle Ängste, die von milden Formen wie Sorgen bis hin zur panischen Reaktion reichen. 2 irrationale Vorstellungen tragen maßgeblich zu Ängsten bei: »Es ist schrecklich und unerträglich, wenn die Dinge nicht so sind, wie wir sie gern hätten.« Und: »Wenn wir etwas Gefährlichem oder Bedrohlichem begegnen, müssen wir uns viele Sorgen machen und über alle möglichen Konsequenzen grübeln.« Es kann nur noch schlechter werden, meinen Sie dann.

Eine ängstliche Person vermutet in jeder Situation Gefahr und Bedrohliches, selbst wenn es dafür keinerlei Anzeichen gibt. Sie macht aus einer Mücke einen Elefanten. Eine Zurückweisung ist für sie bereits das Ende der Welt. Wenn sie bei der Beförderung übergangen wird, ist es eine niederschmetternde Erfahrung, und wenn man ihr einen Parkplatz wegschnappt, ist das für sie eine Katastrophe.

Wenn Sie mit Adjektiven wie »entsetzlich«, »schrecklich«, »unerträglich«, »niederschmetternd«, »tragisch«, »katastrophal« und so weiter herumschmeißen, setzen Sie sich für Anfälle von Nervosität in Positur. Andere Gefühle können dann gar nicht aufkeimen. Wie soll man einer Situation, die Sie in so düsteren Farben schildern, noch gelassen und ruhig ins Auge sehen können?

Sie sollten jedes Ereignis sorgfältig darauf überprüfen, ob es wirklich so schlimm ist. Was kann denn schlimmstenfalls passieren? Meistens werden Sie feststellen, daß Sie maßlos übertrieben und einen überdimensionalen Buhmann an die Wand gemalt haben. Ein solches Verhalten ist zwar sehr menschlich, birgt aber den Keim von nervösen Störungen in sich.

Meine folgenden Behauptungen mögen Ihnen utopisch erscheinen, verdienen aber trotzdem ernsthafte Überlegung. Möchten Sie gern wissen, wie Sie es schaffen, sich nie wieder aufzuregen? Dann nehmen Sie meinen Rat an: Bauschen Sie nichts mehr zur Katastrophe auf, und Sie haben keinen Grund, sich aufzuregen und alarmiert zu sein.

Das kommt Ihnen vielleicht komisch vor, aber wenn Sie ein bißchen darüber nachdenken, wird Ihnen einleuchten, wie vernünftig und zutreffend diese Empfehlung ist. Beispielsweise würden Sie sich doch sicherlich besser fühlen, wenn Sie eine Zurückweisung als bedauerliche, aber nicht fürchterliche Erfahrung akzeptieren könnten. Und wäre Ihre Einstellung nicht eine andere, wenn Sie ein Mißverständnis als trauriges Erlebnis und nicht als tragisches betrachteten?

Mit anderen Worten, wenn Sie das, was Ihnen widerfährt, mit weniger alarmierenden Vokabeln definieren und darstellen, es also schlicht »bedauerlich«, »unglücklich«, »enttäuschend«, »traurig«, »nervend« oder »irritierend« nennen, wallen Ihre Gefühle über den normalen Ärger hinaus nicht hoch. Wenn Sie aber übertreiben, jagen Sie sich selbst Angst ein und machen sich Sorgen bis hin zur Verzweiflung.

Malen Sie sich einmal aus, wie schwer Sie ruhig und gefaßt auf unglückliche Ereignisse in Ihrem Leben reagieren können (Regel 2), wenn Sie diese Ereignisse zu Katastrophen hochstilisieren. Wie sollen Sie Toleranz ohne große Aufregung und ohne Groll aufbringen, wenn jede Kleinigkeit Ihnen Unheil buchstabiert? Auf keinen Fall können Sie zuverlässig und reif eine angenehme Beziehung weiterführen, wenn Sie sich völlig aus dem Gleichgewicht werfen lassen, weil Ihre Wahrnehmung in keinem Verhältnis mehr zur Wirklichkeit steht. Deshalb müssen Sie lernen, wie Sie Ihre Angst unter Kontrolle halten können.

Übermäßige Passivität ist eine andere Facette von Angst, die für sanfte Menschen eine Menge Glücksmöglichkeiten zerstört. Die unglücklichsten Menschen, die mir begegneten, waren eigentlich die, die sich nicht trauten, ihre Ansprüche zu verfechten. Leider sind das auch die nettesten und freigebigsten Menschen, so wie Sie. Sie müssen aber lernen, wenn nötig aufzubegehren und nicht feige zu sein. Ich habe 5 Gründe gefunden, die uns zur Feigheit verleiten, 2 umweltbedingte und 3 psychologische.

Feigheit
Der 1. Grund, warum Menschen kuschen, ist *Angst vor einer Körperverletzung.* Das ist durchaus berechtigt, wenn man von einem Schläger bedroht wird. Wenn Sie nicht zusammengeschlagen werden wollen, nehmen Sie besser die Beine in die Hand. Kein vernünftiger Mensch wird sich einem körperlich überlegenen Gegner stellen, wenn er oder sie nicht die Chance sieht, zu siegen.
Der 2. Grund, warum Menschen feige sind, ist die *Angst vor einem finanziellen Verlust.* Der Boß hat immer recht. Er zahlt die Gehälter, und ihm gehört die Firma. Wenn einem nicht paßt, was er will, kann man ja kündigen. Auf jeden Fall ist ein Angestellter gut beraten, ihm nicht zu heftig zu widersprechen, wenn ihm der Job lieb ist.
Der 3. Grund, warum wir uns ängstlich zurückziehen und von unserer Überzeugung abrücken, ist, daß wir uns *unsicher fühlen.* Wir finden es schrecklich, vielleicht einen Fehler zu machen und uns zu blamieren. Nehmen wir an, Sie wollen ein Haus kaufen, und Ihr Partner bringt eine Menge Einwände vor. Da Sie nicht mit Sicherheit feststellen können, wer recht hat, und da Sie auf keinen Fall etwas falsch machen wollen, geben Sie Ihrem Partner nach. Das ist natürlich der sicherste Weg, nur selten das zu bekommen, was Sie wollen. Was macht es denn, wenn man sich einmal irrt? Wenn Sie eine Entscheidung treffen, die sich dann als unklug herausstellt, ist es auch kein Beinbruch. Dann sollte es eben so sein. Am leichtesten lernt man vorteilhafte Entscheidungen fällen, indem man viel ent-

scheidet. Je öfter man damit verschiedene Erfahrungen gesammelt hat, desto leichter erkennt man, auf was man alles achten muß, um zu einem guten Entschluß zu gelangen. Falls Sie nicht die Gelegenheit beim Schopf ergreifen, durch Fehler zu lernen, wird es gewiß Ihr Partner tun.

Der 4. Grund, warum Menschen ihre Belange nicht vertreten, ist die *Angst, die Gefühle anderer zu verletzen*. Schließlich reagieren die anderen Menschen oft ärgerlich, deprimiert, verletzt, beleidigt und tränenreich, wenn man ihnen etwas abschlägt. Dabei müssen Sie eines begreifen, nämlich, daß Sie einen anderen Menschen nur körperlich verletzten können und nicht seelisch – es liegt also gar nicht in Ihrer Macht, die Gefühle des anderen zu verletzen. Wenn jemand ärgerlich, deprimiert oder gereizt auf eine Handlung von Ihnen reagieren will, ist das sein oder ihr Problem, nicht Ihres. Ihr Mitmensch bläst die Irritation auf und schafft sich eine seelische Störung. Und dann hat er noch den Nerv, Ihnen vorzuwerfen, wie sehr Sie ihn aufgeregt haben! Darauf sollten Sie gelassen entgegnen: »Tut mir leid, aber das tust du dir selbst an. Warum holst du dir nicht ein Buch oder sprichst mit einem Psychologen über deine psychischen Probleme? Ich bin nicht scharf darauf, jedesmal deine Aufregung zu erleben, wenn ich etwas vorschlage, das dir nicht paßt. Ich hoffe, daß du deine Störung bald überwindest.«

Der 5. Grund, warum Menschen oft ihren Standpunkt nicht vertreten, ist *Angst vor der Zurückweisung*. Sie meinen, eine Zurückweisung tue weh, müsse einfach schmerzen, und von anderen nicht geliebt und anerkannt zu werden, gehöre zu den schrecklichsten Erfahrungen im Leben. Natürlich ist eine Zurückweisung nicht erfreulich, sondern schmerzlich, aber nur soweit, wie Sie es zulassen. Wir haben doch alle schon Zurückweisungen von Leuten erfahren, an denen uns eigentlich gar nicht so viel lag. Zuerst empfand man die Zurückweisung als bedrückend, und dann war sie einem egal. Warum? Weil Sie sich davon überzeugt haben, daß Sie die Liebe und Zustimmung dieser Person nicht brauchten. Was wäre, wenn Sie gleich nach der Zurückweisung diese Einsicht im Hinterkopf gehabt hätten? Ihnen wäre unnötiger Schmerz erspart geblieben!

Wenn es Ihnen eine Zeitlang nicht gelingt, mit einem bestimmten Menschen eine so liebevolle Beziehung zu erleben, wie es Ihnen vorschwebt, ist das kaum eine Katastrophe, zwar bedauerlich, aber nicht tragisch. Tun Sie Ihr Möglichstes, um die Situation zu verbessern, aber lassen Sie den Kopf nicht hängen, wenn es nicht klappt. Es gibt immer andere Menschen, die man lieben kann. Es ist ebenso wichtig, dafür zu sorgen, daß die Menschen Sie nicht hassen. Die Menschen, von denen man ein Messer im Rücken riskiert, sind ein viel größerer Grund zur Sorge als jemand, der Sie nicht liebt. Wenn Sie also unbedingt über Ihr Wohlbefinden brüten wollen, dann machen Sie sich darum Gedanken, ob Sie gehaßt werden, nicht, ob Sie ungeliebt sind.

Ich bin kurz auf die selbstzerstörerischen Emotionen eingegangen, die eine tolerante Haltung ohne Groll (Möglichkeit 1) sehr erschweren. Wenn Sie trotz des negativen Benehmens anderer ein reifer und liebevoller Mensch bleiben wollen, dann wird Ihnen das nicht gelingen, wenn Sie selbst stark gestört sind. Um Böses mit Gutem zu vergelten, braucht man Selbstbeherrschung.

Sich gut zureden

Um die eigene Einstellung zu ändern, reicht es nicht, den Weg zur Hölle mit guten Vorsätzen zu pflastern und grundsätzlich einer Veränderung zuzustimmen. Es ist im Gegenteil nötig, das gesamte Wertsystem gründlich zu durchforsten, bis Sie völlig überzeugt sind, daß das meiste, das Ihnen gelehrt wurde, wahrscheinlich nicht stimmt und daß die neuen rationalen Anschauungen eine viel gesündere Basis haben – nämlich die der Wirklichkeit.

In dem Entwicklungsprozeß zu besseren Methoden der Frustrationsverarbeitung kommen Sie nicht darum herum, Ihre Selbstgespräche zu analysieren, in Frage zu stellen und die Hintergründe zu erforschen. Sie können davon ausgehen, daß Sie sich den irrationalen Unsinn noch nicht aus dem Kopf geschlagen haben, sofern Sie sich noch aufregen. Ob Ihre Selbstgespräche über irrationale Ideen eine Veränderung bewirken, werden Sie erst merken, wenn die schmerzlichen Emotionen von Ihnen abfallen, zu denen der Irrglauben beigetragen hat.

Der häufigste Hinderungsgrund, der den Leuten bei den Bemühungen um ein gesundes Erwachsenendasein im Weg steht, ist der *Mangel an ehrlichen Selbstgesprächen.* Sie reden sich neurotische Maximen ein: daß sie vollkommen sein müssen, daß es fürchterlich ist, nicht geliebt zu werden, daß die Menschen schlecht sind, die sich schlecht benehmen, daß es leichter ist, schwierige Aufgaben zu vermeiden als anzugehen, und so weiter. Falls Sie nicht in Ihrem Kopf dagegenargumentieren und den Unsinn vergessen, wird sich bei Ihnen nichts ändern. Zerpflücken Sie jeden Punkt, debattieren Sie mit sich, bis sie blau im Gesicht werden und bis Sie sich überzeugt haben, daß Sie nicht perfekt sein müssen, um anerkannt zu werden, daß Sie nicht geliebt werden müssen, um etwas wert zu sein.

Die Menschen dürfen sich Fehler leisten, ohne die Achtung zu verlieren, weil sie als Persönlichkeit mit ihren Fehlern nicht identisch sind. Und sich mit einer Schwierigkeit auseinanderzusetzen, ist allemal leichter, als sie zu verdrängen.

Prägen Sie sich die irrationalen Vorstellungen gut ein. Es ist absolut nötig, davon überzeugt zu sein, wie dumm und gefährlich sie sind. Wenn Ihnen die möglichen Ausrutscher gewissermaßen in Fleisch und Blut übergegangen sind, haben Sie die ersten Schritte zu einer gefühlsmäßigen Kontrolle geschafft, die Sie niemals für möglich gehalten hätten.

Dann werden Sie mit links Regel 2 praktizieren: Wenn Menschen Sie schlecht behandeln, behandeln Sie sie weiterhin nett, halten Sie ihnen die andere Wange hin, vergelten Sie Böses mit Gutem, dulden Sie Übergriffe – eine vernünftige Zeit lang.

Eine reife Leistung

Es ist ein schöner und erhebender Gedanke, Böses mit Gutem zu vergelten, der Grundsatz einiger Religionen als Inbegriff der

Nächstenliebe. Uns wurde gelehrt, daß jeder, dem genug Liebe und Geduld entgegengebracht wurde, sich zu gegebener Zeit als Reaktion auf unsere Zuwendungen bessern wird. Liebe wird hier als endloser Prozeß des Gebens definiert. Wenn ein Sünder durch alle unsere bisherigen Mühen und Sorgen zu keiner Änderung zu bewegen war, werden wir ermuntert, mit ihm weiterhin Geduld zu haben, zu beten, ihn als Gottes Kind anzunehmen und daran zu glauben, daß unsere Wohltaten irgendwann seinen Panzer der Gefühllosigkeit aufweichen werden.

Die Lehre, den Feinden zu vergeben, ist uns so eingetrichtert worden, daß wir uns nur selten fragen, wieviel wir noch ertragen sollen, ehe wir die Geduld verlieren dürfen. Dummerweise meinen die Leute, daß sie, wenn sie einem anderen eine unfreundliche Tat verzeihen sollen, ihn für diese Untat auch nicht bestrafen dürfen. Aber in der Lehre von der Nachsicht gegenüber Feinden steht nichts über die Bestrafung jener, die uns verletzt haben. Ist es nicht möglich, denen, die uns Unrecht getan haben, von Herzen kommende Verzeihung und Liebe zuzuwenden und gleichzeitig ihr ungebührliches Verhalten zu korrigieren, weil wir sie ja weiterhin lieben wollen?

Vergebung beinhaltet nicht, daß wir eine miese Behandlung hinnehmen müssen, sondern nur, daß wir den anderen wegen eines solchen Verhaltens nicht hassen sollen.

Um es an einem Beispiel zu erläutern: Ich kann meiner Tochter verzeihen, daß sie meinen Wagen zu Schrott gefahren hat, und ihr sogar den Führerschein wegsperren, ohne sie weniger zu lieben. Weil ich von ihr die Bezahlung des Schadens verlange und ihr keinen Wagen mehr zur Verfügung stelle, bis sie mehr Verantwortungsgefühl an den Tag legt, demonstriere ich damit keineswegs Haß. Was ich zum Ausdruck bringe, ist auf der einen Seite Liebe und Verzeihung und auf der anderen Seite meinen festen Willen, ihr Verhalten zu korrigieren.

Nun fragt sich, wer auf gute Behandlung nach schlechten Taten bis zu einem gewissen Punkt (Regel 2) anspricht. Die Antwort ist recht eindeutig. Auf eine reife, erwachsene, unlabile und seelisch ausgeglichene Person wird unser verzeihendes und liebevolles Verhalten günstig einwirken, so daß auch unsere Erziehungsmethoden akzeptiert werden. Aber an gestörten und unreifen Personen prallt unsere Großzügigkeit ab.

Ein reifer Erwachsener wird sich entschuldigen und anbieten, seinen Fehler wiedergutzumachen, wenn man ihm oder ihr darlegt, daß er sich unfair benommen hat. Wenn sich aber nach einer gewissen Zeit herausstellt, daß Ihre Bemühungen nichts fruchten, verschwenden Sie mit Ihrer Güte Zeit.

Wenn Sie mit der Methode, Böses mit Gutem zu vergelten, nicht weiterkommen, und wenn Sie nach einigen oder vielen Versuchen feststellen, daß die Situation eher schlechter als besser wird, dann können Sie nur zu einer vernünftigen Erkenntnis gelangen, nämlich, daß Sie es mit einem sehr gestörten oder sehr unreifen Menschen zu tun haben.

Daß Ihr freundliches Verhalten nichts nützt, merken Sie,

- wenn Ihr Partner oder Kind sich nach einigen Anläufen nicht ändert,
- wenn diese Personen sich nicht einmal ernsthaft bemühen, die Veränderung als notwendig einzusehen oder es zu versuchen,
- wenn sie Ihnen ins Gesicht sagen, daß sie nicht vorhaben, sich zu ändern.

Das müßte Ihnen doch genügen. Da haben Sie doch das Menetekel an der Wand vor Augen.

Wenn Sie noch mehr Beweise brauchen, um einzusehen, daß Ihre Methode, Böses mit Gutem zu vergelten, nicht funktioniert, dann haben Sie selbst mehr Probleme als die gerügten Mitmenschen. Für jeden intelligenten und vernünftigen Menschen ist offensichtlich, daß Regel 2 (wenn man schlecht behandelt wird, die anderen gut zu behandeln, eine zumutbare Zeit lang) zu keinem Resultat führt, wenn sich nach einem längeren Zeitraum keine Anzeichen für eine Besserung zeigen. Dann ist der Punkt erreicht, wo Sie zu Regel 3 übergehen sollten.

Das letzte Mittel

Was sollen Sie machen, wenn die Zustände in Ihrer Familie, bei Ihren Freunden oder Ihrem Chef so schlecht werden, daß Sie meinen, deren rücksichtsloses Verhalten nicht länger ertragen zu können? Sie werden sicher alle zustimmen, daß es einen Zeitpunkt gibt, wo Geduld und Toleranz ein Ende haben. So wunderbar und edel es wäre, unendliche Geduld zu besitzen und diejenigen weiter zu lieben, die übel mit uns umspringen, ist dieser Idealzustand doch für die meisten von uns von den praktischen Gegebenheiten des Alltags um einiges entfernt. Nur Heilige und Märtyrer sind gegen Ungerechtigkeiten und Manipulationen gefeit. Wir gewöhnliche Sterbliche haben eigene Interessen und können rüdes, rücksichtsloses und ungerechtes Verhalten nur eine begrenzte Zeit lang aushalten. Aber was dann?

Wir tun das, was wir seit Anbeginn der Menschheit getan haben – wir rebellieren und wehren uns. Kurz gesagt befolgen wir Regel 3: Wenn Menschen Sie schlecht behandeln und die 2. Regel nicht funktioniert, behandeln Sie sie ebenso schlecht, aber ohne Zorn und (wenigstens am Anfang) mit etwa der gleichen Intensität.

Rechtfertigung für Regel 3

Wenn Sie zu einem friedfertigen und kooperativen Individuum erzogen worden sind, wird Ihnen dieser Rat vermutlich quer im Magen liegen. Ein solcher Vorschlag hat etwas Unangenehmes und Entwürdigendes, nämlich mieses Verhalten mit miesem

Verhalten zu vergelten. Dabei sträuben sich uns die Haare, denn es steht im Gegensatz zu unserer verfeinerten Sensibilität und dem Streben nach Reife.

Aber was bleibt uns übrig, wenn mit Verstandesargumenten nichts zu erreichen ist, wenn unendliche Geduld und außerordentliche Bemühungen nichts fruchteten, wenn Sie ohne Ergebnis die andere Wange hingehalten und immer wieder versucht haben, in langen Gesprächen die gegenseitigen Schwierigkeiten auszuräumen, ohne Resultat? Sie müßten schon wirklich verrückt sein, eine Strategie weiterzuverfolgen, die sich als kraß uneffektiv erwiesen hat. Der letzte Ausweg ist, es Ihrem Peiniger ungemütlich zu machen, bis das störende Verhalten aufhört oder genügend gemildert ist.

Erinnern Sie sich an die 4 Möglichkeiten, wie man mit Frustrationen fertig werden kann? Die Möglichkeit 2, Protest, beinhaltet, wenn Sie eine Situation nicht mehr ohne Groll tolerieren können, daß Sie sich wehren sollen durch Protest oder den Entzug von Dienstleistungen oder einen kalten Krieg, bis die gewünschten Verbesserungen eingetreten sind. Wenn Sie auch damit nicht weiterkommen, können Sie sich noch immer auf Möglichkeit 1 zurückziehen und die Lage ohne Groll akzeptieren. Wenn Sie das nicht übers Herz bringen, bleibt Ihnen die 3. Möglichkeit, nämlich Trennung oder Scheidung.

Regel 3, nämlich Böses mit Bösem zu vergelten, befaßt sich mit der 2. und 3. Möglichkeit. Sie besagt, daß die Zeiten der Nettigkeit vorüber und die Zeiten der Vergeltung angebrochen sind. Wenn Ihnen die Leute auf die Zehen treten und damit nicht aufhören, dann ist es nun an der Zeit, auch ihnen auf die Zehen zu treten. Nach dem Motto: Schikanierst du mich, dann schikaniere ich dich. Die Eskalation der Vergeltungsmaßnahmen kann so viel Druck erzeugen, daß einer innehält, um die Beziehung zu retten.

Mir scheint, daß der innere Widerstand gegen die Anwendung von Regel 3 so stark ist, daß sie einer klaren Rechtfertigung bedarf, um dann auch wirklich von den Leuten akzeptiert zu werden. Merkwürdigerweise ist das die einzige Regel, für die anscheinend eine Rechtfertigung gebraucht wird. Niemand wird dagegen Einwände erheben, daß man die anderen ebenso nett behandelt, wie man selbst behandelt wurde oder wird. Und kaum einer findet es richtig, jemand sofort ans Schlachtmesser zu liefern, wenn er sich – selbst für längere Dauer – ungebührlich benommen hat. Aber bei der Vorstellung, Auge um Auge zu Leuten ekelhaft zu sein, die zu uns ekelhaft sind, bekommen wir plötzlich kalte Füße.

Warum eigentlich? Obgleich Regel 2 uns ermahnt, denen zu vergeben, die uns sehr auf die Nerven gehen, sollte man nicht außer acht lassen, daß zwischen Regel 3 und einigem Verhalten der großen religiösen Leitbilder eine Menge Ähnlichkeiten bestehen. Es mag in Vergessenheit geraten sein, daß auch Jesus nach Regel 3 handelte. Als ihm die Geldgier der Händler im Tempel zuviel wurde, verjagte er sie. Auch die makkabäischen Anführer der Juden waren stark und unerschütterlich. Sie haben beileibe nicht die andere Wange hingehalten. Als sie in die Ecke getrieben wurden, wehrten sie sich, leisteten sie Widerstand und machten es den gegnerischen Armeen sehr ungemütlich.

Gandhi hat nicht in einer edlen Geste der Toleranz den Briten zugestanden, sein Land zu beherrschen. Er war alles andere als nachgiebig. Obgleich er sehr friedfertig war, war der Umgang mit ihm äußerst schwierig, er war unkooperativ und widerspenstig. Er reizte die britische Regierung durch hinhaltenden Widerstand so lange, bis sie Indien die Unabhängigkeit zugestand.

Und wie ging es den amerikanischen schwarzen Führern in den vergangenen 25 Jahren? Martin Luther King wandte Gandhis Methoden mit großem Erfolg an und erreichte größere Freiheiten und mehr Bürgerrechte für die schwarze Bevölkerung. Auch er handelte nach Regel 3. Weil die Schwarzen sich nur in den hinteren Teil der Busse setzen durften, hieß er sie die Busse boykottieren. Das ist das Verhalten, das ich befürworte. Wir alle machen es so, und es gibt keinen Grund, nicht mit Gegendruck auf Druck zu antworten, wenn Vernunftargumente versagen.

Wenn ich Sie noch immer nicht überzeugt habe und Sie die Beispiele der religiösen und politischen Führer kalt lassen, dann folgen Sie vielleicht den Ergebnissen psychologischer Forschung.

Erinnern Sie sich, wodurch Verhalten beeinflußt wird? Wenn eine Handlung belohnt oder irgendwie bestärkt wird, wächst die Tendenz, diese Art von Handlung auszuführen. Aller Wahrscheinlichkeit nach wird eine Person, eine Familie, eine Gruppe von Menschen oder eine Firma ein bestimmtes Verhalten an den Tag legen, wenn dieses Verhalten früher belohnt oder bestraft wurde. Repressalien führen unweigerlich zu Unterdrückung eines bestimmten Verhaltens, mangelnde Zustimmung zu einer Abschwächung des Verhaltens. Aus der Lerntheorie wissen wir, daß einfühlsames und freundliches Verhalten sich bis auf ein Minimum oder ganz auslöschen läßt.

Alle diese Erkenntnisse lassen nur einen Schluß zu: Wenn ein bestimmtes Verhalten weiter anhält, dann wird es bekräftigt. Wenn wir eine Veränderung anstreben, aber keine eintritt, ist damit zu rechnen, daß das Fehlverhalten von irgendwoher Rückenstärkung empfängt. Es kann sein, daß wir für die Bestärkung verantwortlich sind, es können aber auch andere sein. Die Quelle solcher Bestärkung und auch die Art sind manchmal nur sehr schwer zu entdecken. Trotzdem ist es so: Verhaltensweisen, von denen nicht abgelassen wird, existieren weiter, weil sie irgendwie bestärkt werden.

Diese Tatsache sollten wir nun voll akzeptieren. Alles Gute oder Böse, das von Menschen stammt, ist unser Werk und unsere Verantwortung. Wir sind für Erdbeben, Orkane oder Dürren nicht verantwortlich, und Bäume, Felsen und Wolken haben keinen Einfluß auf menschliches Verhalten. Allein die Menschen sind für das Verhalten der Menschen verantwortlich. In größerem oder kleinerem Ausmaß sind wir es – Sie und ich –, die die Verantwortung tragen für Armut, Krieg, Verbrechertum, Kindesmißhandlung und die Tausende von Toten jährlich auf unseren Straßen. Warum Sie und ich? Weil Bäume, Felsen, Wolken und Kaninchen und so weiter nicht an Kriegen oder Scheidungen schuld sein können. Menschliches Verhalten wird von Menschen gemacht.

Deshalb können wir uns der Logik nicht verschließen, daß wir das Gegenteil erreichen, wenn wir unerwünschtes Verhalten bekräftigen. Wer immer Fehlverhalten unterstützt und lobt, muß damit aufhören. Es bedeutet aber auch, daß wir selbst unser Verhalten ändern müssen, wenn wir eine Verhaltensänderung bei anderen bewirken wollen. Bei näherem Hinsehen werden wir immer wieder feststellen, daß wir diejenigen sind, die uns die Kopfschmerzen verursachen. Wir sind zu 49% schuldig, wenn Leute Dinge tun, die wir ablehnen, weil wir diese Irritation so locker tolerieren. Die Gegenseite trägt 51% der Schuld, weil sie sich in letzter Konsequenz unakzeptabel verhält.

Entschuldigungen für Nichtstun

Wenn Sie Ihr Möglichstes getan und die anderen sanft und mit Überredungskünsten darauf hingewiesen haben, wo sie rücksichtslos sind, ohne damit durchzudringen, werden Sie es schwieriger als erwartet finden, nun zum nächsten Schritt überzugehen, zu protestieren und zu streiken. Niemand freut sich auf die bevorstehenden unerfreulichen Auseinandersetzungen, die sich lange hinziehen können. Dabei kommt es unausweichlich zu häßlichen Szenen, und vielleicht zerbricht die Beziehung. Ehe sie das also riskieren, neigen viele Leute dazu, den Konflikt zu vermeiden, und verschanzen sich hinter einer Reihe von scheinbar rationellen Ausreden, um diese Drückebergerei zu rechtfertigen.

Die 1. und häufigste Ausrede von Menschen, die sich nicht auf die Hinterbeine stellen wollen, ist die *Angst vor Streit und Geschrei,* mit der der andere sich meistens wehrt, wenn er oder sie unter Druck gesetzt wird. Niemand hat große Lust, sich zu ändern, und je länger die Leute mit ihren Methoden durchgekommen sind, desto lauter werden sie jaulen, wenn man ihnen die Hölle heiß macht. Selbst Menschen, die normalerweise und auch in Krisensituationen nicht zu Gewalttätigkeiten neigen, werden dann zu Hyänen und sagen gräßliche Dinge, was einem schon Angst einjagen kann. Es ist, als würde einem ein Messer im Leib umgedreht.

Zugegeben, es kann ein Höllenspektakel ausbrechen, wenn Sie

plötzlich nicht mehr der gewohnte Duckmäuser sind, sondern dem anderen Unbehagen bereiten. Merke aber: Es ist einfacher, sich schwierigen Problemen zu stellen, als ihnen auszuweichen. Es ist durchaus mit unangenehmen Konsequenzen zu rechnen, keine Frage. Was Sie aber an diesem Punkt begreifen sollten, ist die Tatsache, daß Sie keine andere Wahl haben, als sich auf die Hinterbeine zu stellen und zu kämpfen, wenn Sie die Situation nicht mehr ohne Groll tolerieren können.

Meine Empfehlung ist, negatives Verhalten mit negativem Verhalten zu vergelten, bis der andere begriffen hat, daß er oder sie nicht so schäbig mit Ihnen umspringen kann. In den meisten Fällen ernten Sie mit Ihren Maßnahmen nur zorniges Aufbegehren. Doch das sind Wörter, die Sie bei genauer Betrachtung nicht verletzen können. Wörter haben nicht die Macht zu verletzen, gleichgültig, wie bösartig sie sind.

Ein Wort ist eine Tonschwingung, die in der Kehle der anderen Person hervorgebracht wird, die Lippen in Bewegung setzt, sich durch die Luft in Wellen fortpflanzt und auf Ihr Ohr trifft. Sie können von allen Seiten mit Tonschwingungen bombardiert werden, aber wenn sie nicht wirklich die Intensität einer Explosion annehmen, sind sie harmlos. Es ist egal, ob ein Mensch sagt »Narr«, »ich hasse dich« oder »Hexe«. Das sind alles nur unschädliche Tonschwingungen, die an Ihr Ohr dringen. Wenn Sie ihnen nicht zustimmen, dann ignorieren Sie sie eben. Sollten sie wahr sein, bestätigen Sie sie, und erklären Sie Ihrem Partner, daß er recht hat und Sie sich um eine Veränderung bemühen werden, weil sie nicht so sein wollen. Aber in den meisten Fällen werden Sie sich von den Vorwürfen nicht getroffen fühlen, weil sie nicht zutreffen. Dann brauchen Sie vor dem Lärm auch keine Angst zu haben! Auf dem Sportplatz oder bei einem Popkonzert sind wir einem viel lauteren Krach ausgesetzt, als beim schlimmsten Streit in der Küche.

Nun können Sie einwenden, daß Sie nicht die Lautstärke der Stimme stört, sondern die dahinterstehende Bedeutung. Sie haben Angst, zurückgewiesen, nicht geliebt und verlassen zu werden. Aber ist das denn die Regel? Wie viele Auseinandersetzungen hat Ihre Partnerschaft schon überstanden, ohne in die

Brüche zu gehen? Sie werden zustimmen, daß es schon eine merkwürdige Ehe sein muß, die der erste ernsthafte Streit zu sprengen vermag. In den meisten Fällen bedarf es schon einer Menge von Auseinandersetzungen, um eine Bindung zu zerreißen. Der sicherste Weg, um die Streitereien zu beenden, ist, sie nicht länger zu dulden.

Der 2. Grund, warum die Leute sich gern darum herumwinden, zu Regel 3 überzugehen, ist, daß sie *Angst davor haben, die Gefühle des anderen zu verletzen,* wenn sie sich unzugänglich und unkooperativ zeigen.

Wie wir aber bei der Maxime, die andere Wange hinzuhalten, gelernt haben, sind wir gar nicht in der Lage, andere in seelische Aufregung zu stürzen. Wenn sie sich aufregen wollen, weil Sie nicht bei Fuß gehen, ist das ihr Problem. Es scheint ihnen nichts auszumachen, Dinge zu tun, die Ihnen mißfallen; warum also sollten Sie sich darum scheren, welche Dinge den anderen mißfallen, die Sie tun? Selbst wenn Ihr Partner deprimiert wird, bleibe ich bei meiner Behauptung, daß das nicht Ihre Schuld ist. Er tut sich das selbst an. Sie können damit rechnen, daß der andere, wenn Sie schwierig werden, auf eine Reihe von Strategien verfällt, die alles schlimmer und schlimmer machen. Das geschieht, um Ihnen das Rückgrat zu brechen, damit Sie schwach werden und nachgeben.

Lassen Sie sich nicht ins Bockshorn jagen. Machen Sie sich auf das Schlimmste gefaßt. Aber vertrauen Sie auf die Erfahrung von Hunderten von Leidensgenossen, die mit Verblüffung festgestellt haben, wie schnell die Gegenseite klein beigibt, wenn deutlich wird, daß ihre Drohungen und ihr Theater zu nichts führen.

Wenn Sie Ihrerseits einige wohlüberlegte Gegenattacken gegen die ersten Übergriffe gegen Sie reiten, demonstrieren Sie Ihrem Partner eindeutig, daß Sie ein anderer Mensch geworden sind und nicht mehr daran denken, sich mit der Beziehung, so verfahren sie war, zufriedenzugeben.

Offensichtlich sind solche Taktiken nicht möglich, wenn Sie sich übermäßig über die Gefühle des anderen den Kopf zerbrechen. Erst in dem Moment, wo Sie sich über die irrige Meinung hinweggesetzt haben, Sie könnten den anderen seelisch verletzen, sind Sie zu entscheidenden Aktionen in der Lage. Solange Sie aber glauben, für die Gefühle des anderen verantwortlich zu sein, werden Sie gelähmt sein und die nötigen Schritte nicht fertigbringen.

Wenn Sie sich aber nicht zu Taten aufschwingen, dann – darauf können Sie sich verlassen – werden eher die Flüsse bergauf fließen, als daß Sie die Kooperation, Achtung und Liebe des Partners oder der Partnerin erringen.

Taten, nicht Worte

Wenn Sie das alarmierende Gefühl haben, daß Ihre Geduld in einer Partnerschaft zu sehr auf die Probe gestellt wird, fragen Sie sich wahrscheinlich, warum Ihre bisherigen Bemühungen zu keinem greifbaren Ergebnis geführt haben.

Eine allgemeingültige Erklärung für diesen traurigen Zustand ist Ihre irrige Annahme, Ihre vielen Diskussionen, Beschwerden und lautstarken Argumente stellten bereits ein ausreichendes und vernünftiges Maß an Bemühungen dar. Was Ihnen dabei nicht aufgeht, ist die Tatsache, daß Reden eine Strategie gemäß Regel 2 ist, nämlich, daß Sie Böses mit Gutem vergelten. Bei der Anwendung dieser Regel nämlich wurden Sie aufgefordert, sich mit Ihrem Partner, Freund, Chef, Vater, Kind oder Liebhaber zusammenzusetzen und die Probleme mit ihm zu diskutieren.

Es mag Ihnen scheinen, als wendeten Sie Regel 3 an, wenn Sie Ihre Argumente lautstark vorbringen, aber in Wirklichkeit bedienen Sie sich noch der Strategie von Regel 2, nicht Regel 3. Es ist höchste Zeit, nicht damit zu drohen, was Sie alles tun werden, sondern die Drohungen in die Tat umzusetzen. Es besteht ein gewaltiger Unterschied zwischen Worten und Taten, selbst wenn eine hitzige Debatte mehr Gemütsaufwallungen hervorbringt als frustrierende Gegenmaßnahmen.

Wenn Worte und Vernunftargumente nicht gewirkt haben, rate ich Ihnen, fortan den Mund zu halten und Taten sprechen zu lassen. Mir scheint, daß die Leute viel drastischer von ihren Augen zu überzeugen sind als durch ihre Ohren. Immer wieder saßen Frauen und Männer in meiner Praxis nach der schockierenden Erfahrung, wie schnell sich ihre Beziehung durch eine einzige, dramatische Handlung des einen Partners geändert hatte, von der der andere Partner gebührend beeindruckt war.

Wenn die Leute das fruchtlose Aufbegehren satt haben, eröffnen sich ihnen 4 Handlungsmöglichkeiten, um ihren Forderungen unmißverständlich Nachdruck zu verleihen. Erstens können sie einen Anwalt aufsuchen. Zweitens können sie einen Eheberater einspannen. Drittens können sie ausziehen. Viertens können sie einen Seitensprung machen. Diese Taten sprechen für sich und machen die Lage unzweifelhaft klar.

Handeln statt reden scheint den meisten Menschen eine schwer zu akzeptierende Alternative zu sein. Selbst wenn sie sich am Ende zu Taten entschließen, halten sie es immer noch für nötig, wieder wortreich zu erklären, was sie getan und was sie beschlossen haben. Sie meinen, sich interpretieren oder entschuldigen oder warnen zu müssen, wieder und immer wieder. Das ist Unsinn: Eine Tat wiegt tausend Wörter auf. Sie macht nämlich unmißverständlich deutlich: Tu was, sonst wirst du noch mehr unter meinen Handlungen leiden.

Machen Sie keinen Rückzieher, wenn Sie einmal den Weg des Widerstands beschritten haben. Sie befinden sich im Streik. Sie haben den kalten Krieg erklärt. Sobald sich die Dinge zuspitzen, haben Sie die Gewißheit, endlich von Ihrem Nervtöter ernst genommen zu werden. Und Sie dürfen Ihre Strategie erst einstellen, wenn sich die gewünschten Resultate zeigen.

Das einzige, was Sie interessiert, ist, daß sich das Verhalten ändern muß. Wer nach Ausreden sucht, soll lieber sehen, wie er das Problem löst. Eine Frau mit sexuellen Problemen sollte sich sehr anstrengen, sie zu überwinden, oder professionelle Hilfe suchen. Ein Mann mit einem Alkoholproblem muß es entweder durch Willenskraft in den Griff bekommen oder sich durch Außenstehende dabei helfen lassen. Wie sie es anstellen, interessiert die betroffenen Partner kaum, sondern nur, daß sie es mit Erfolg tun.

Mitleid ist ein großes Hindernis auf dem Weg, standhaft den einmal eingeschlagenen Kurs des Widerstands beizubehalten. In dem Augenblick, in dem Ihnen der andere leid tut, schwächen Sie Ihren Standpunkt. Mitleid ist das schwache Glied in der Kette; deshalb lassen Eltern ihr Kind fernsehen, obgleich es erst die Hausaufgaben hätte machen sollen. Tränen, Trotz und Depression sind die üblichen Mittel, mit denen andere bei uns Eindruck schinden und uns um den Finger wickeln wollen. Prägen Sie sich immer wieder ein, daß es sich um das Problem des anderen handelt, nicht um Ihres, und daß die Lage nur schlimmer wird, wenn Sie Ausnahmen machen und Ihre Hartnäckigkeit aufgeben. Wenn Sie sagen »Na schön, dieses Mal lasse ich es noch durchgehen, aber das nächste Mal kommst du gefälligst pünktlich, sonst bestrafe ich dich«, ist die Drohung wirkungslos, sofern Sie sie nicht wahrmachen. Taten überzeugen die Menschen, daß Sie es ernst meinen, nicht Worte.

Manchmal erweisen sich die Protestversuche mit Taten statt Worten deshalb als unwirksam, weil sie einem selbst mehr schaden als dem anderen. Wenn Sie Druck ausüben, soll es ja nicht Ihren Frust steigern! Die Entscheidung, zu handeln anstatt zu reden, kostet Sie sowieso genug Überwindung und Anstrengung, das können Sie mir glauben. Es ist also unklug, sich auch noch selbst das Leben schwer zu machen.

Selbsterniedrigung als Methode

Wenn Sie ungefähr so sensibel sind wie ich und die meisten Menschen, werden Sie es zweifellos ekelhaft finden, den Rat von Regel 3 zu befolgen. Nicht nur müssen Sie Ihrem sanftmütigen Naturell zuwiderhandeln und sich darüber hinwegsetzen, was andere empfinden, sondern Sie müssen sich auch auf das Niveau Ihrer Opponenten herablassen, wenn Ihre Strategie fruchten soll. Das fällt einem reifen Menschen nicht leicht.

Aber schließlich haben wir es mit unreifen und gestörten Menschen zu tun. Wie wir gesehen haben, verschlechtert sich ihr Zustand nur, wenn wir die edleren vorbesprochenen Methoden anwenden. Wenn wir ihnen freundlicher kommen und sie zivilisiert behandeln, dringen wir nicht bis zu ihnen durch. Daraus ist zu folgern, daß wir ihre Sprachen sprechen müssen; wenn wir es ihnen – Zahn um Zahn – mit gleicher Münze heimzahlen, ist das eine für sie verständliche Sprache.

Die Menschen in Ihrer Umgebung sind wahrscheinlich über Ihr verändertes Auftreten schockiert, und vielleicht geben sie um so schneller Ihren Forderungen nach, je mehr sie annehmen, daß anders gegen Ihre momentane Verrücktheit nicht anzukommen ist. Um das durchzuhalten, werden Sie sich ein dickes Fell zulegen müssen, denn es geht Ihnen gegen den Strich. Am ehesten wird Ihnen das gelingen, wenn Sie sich keine Katastrophen ausmalen und weder mit sich noch mit dem anderen Mitleid haben.

Regel 3 zu befolgen heißt nicht, ausfallend oder zornig zu werden, denn dadurch würden Sie sich als ebenfalls sehr unreife Person erweisen. Sie legen nur deshalb ein unkooperatives, schwieriges Verhalten an den Tag, weil Sie um der Situation und der anderen Person willen dazu gezwungen sind.

Dieser Punkt kann nicht genug betont werden: Fest auftreten und seine Ansprüche geltend machen darf nie mit Haß oder Zorn einhergehen. Betrachten Sie es als kühle pädagogische Maßnahme. Führen Sie sich vor Augen, daß Sie mit Ihren Durchsetzungsbestrebungen Schiffbruch erleiden werden, wenn Sie sich zu emotionalen oder körperlich aggressiven Ausbrüchen hinreißen lassen. Bei aller Sprödigkeit im Umgang sollten Sie freundlich und lächelnd reagieren. Betrachten Sie die Vorgänge distanziert, und machen Sie sich keine Gedanken darüber, ob sie zu Ihrer Beliebtheit beitragen.

Ein gutes Beispiel für die Selbsterniedrigung, um den Widersacher auf seiner Ebene zu treffen und zu schlagen, wäre die Weigerung, sexuell zugänglich zu sein. Erklären Sie einfach, daß Sex ausfällt, bis sich die Situation spürbar verbessert hat.

Wir wollen uns alle durchsetzen; der Unterschied ist nur, zu welchem Zeitpunkt wir uns auf die Hinterbeine stellen. Selbst die Sanftmütigsten unter uns werden Aggressionen nicht mehr tolerieren, wenn der Anlaß groß genug ist.

Wenn Sie glauben, ein solches Verhalten sei egoistisch, dann lassen Sie mich diesen Begriff definieren. Egoistisch oder *selbstsüchtig* ist jemand, der etwas haben möchte, aber sich nicht verpflichtet fühlt, dem anderen für seine Mühe dankbar zu sein. Solche Menschen finden es in Ordnung, Vorteile zu erlangen, aber keine zu gewähren. Ein völlig normales *Eigeninteresse* ist bei Menschen vorhanden, die sich um ihr Wohlbefinden kümmern, aber von anderen keine nette oder gar Sonderbehandlung ohne Gegenleistung erwarten. An sich selbst interessierte Menschen erwidern Gefälligkeiten und sind für einen fairen Austausch von Dienstleistungen. Sie nehmen, sind aber auch bereit zu geben.

Eine Frau bat nach einem 8stündigen Arbeitstag ihren Mann, ihr beim Abwasch zu helfen. Der Mann protestierte, das sei die Aufgabe der Frau, und weigerte sich, mit anzupacken. Sie fragte mich, ob das von ihr egoistisch gewesen sei, aber ich beruhigte sie; sie habe nur das eigene Interesse vertreten. Ich schlug vor, ihm zu erklären, daß sie nicht mehr kochen werde, falls er nicht das Geschirr abwasche. Demzufolge speisten sie häufig auswärts, und sie suchte sich immer ein teures Gericht aus. Nach einigen Hummerdiners spürte er es an der Brieftasche und erklärte sich bereit, ihr nach dem Abendessen zu helfen. Daraufhin war mit ihr viel besser auszukommen, und nach einer Weile kehrte bei ihnen mehr Glück und Harmonie ein, als möglich gewesen wäre, wenn der Streit weiter geschwelt hätte.

Es gibt allerdings auch keinen Anlaß, ekelhafter zu sein als der Situation angemessen, und mehr als absolut nötig aufzutrumpfen, um das gewünschte Resultat zu erzielen. Fangen Sie behutsam und milde an. Wenn das nichts nützt, steigern Sie Ihre Opposition, bis Sie Erfolg haben.

Wie sehr kann man sich auf die Wirkung solcher Taktiken verlassen? Ich habe bereits zugegeben, daß sie nicht immer zum Erfolg führen, bin aber überrascht über die unzähligen Fälle, in denen sie Wunder gewirkt haben. Wenn Sie einen triftigen Grund zur Beschwerde haben und Ihre Ansprüche ohne Verbitterung geltend machen, wenn Sie unverrückbar den kalten Krieg lange genug durchstehen, werden Sie überrascht sein, wie vielversprechend sich die Dinge für Sie entwickeln. Es ist den Menschen sehr zuwider, eine Ehe oder langjährige Partnerschaft zu beenden. Meistens bleibt lange Zeit ein großes Gefühl der Unzulänglichkeit und des Versagens zurück, wenn eine eheliche Beziehung so weit verfallen ist, daß jegliche Kooperation verweigert wird. Ehe dieses Stadium eintritt, geben die meisten Menschen nach.

Wer von Ihnen moralische oder religiöse Vorbehalte gegen eine Trennung oder Scheidung hat, wird mehr Toleranz gegenüber Frustrationen üben müssen als jemand ohne diese Bedenken. Sie müssen Ihre Ressentiments zügeln und resignieren in der Hoffnung, daß Ihre guten Taten doch auf den Partner ansteckend wirken und ihm die miese Behandlung, die er Ihnen angedeihen läßt, leid tut.

Die moralische Frage

Ihr Zaudern, Schikane mit Schikane zu vergelten, ist verständlich. Als feinfühlige und teilnahmsvolle Menschen haben wir moralische Bedenken dagegen, Böses mit Bösem heimzuzahlen. Das alte Sprichwort, daß eine Missetat die vorige nicht aufhebt, klingt überzeugend. Wenn ich Ihnen also empfehle, dem anderen genauso auf die Zehen zu treten, wie er Ihnen auf die Zehen tritt, mag das so scheinen, als würde von Ihnen etwas genauso Schlechtes verlangt, wie Ihnen angetan wurde. Das trifft so nicht zu. Wenn Sie es den anderen ungemütlich machen, um ihr Verhalten zu bessern, müssen Sie sich vor Augen halten, daß die anderen Sie dazu gezwungen haben, schärfere Seiten aufzuziehen. Bisher haben Sie sich überschlagen und alle sanften Methoden angewandt, und nun verfallen Sie auf härtere, weil Sie mit den anderen nichts erreicht haben. Obgleich Sie mit Vernunftargumenten, großer Geduld, Nachsicht und Fairneß operiert haben, hat sich nichts verändert. Sie können doch diesen weichen Kurs nicht bis in alle Ewigkeit fortsetzen. Er würde das Fehlverhalten nur ermutigen. Nein, nun müssen Sie schwere Geschütze auffahren!

Ist es moralisch, gegen Böses anzukämpfen, selbst wenn Sie damit Schmerzen bereiten müssen? Wir gehen davon aus, daß Sie unbedingt das unzumutbare Verhalten einer anderen Person ändern wollen. Um das zu erreichen, dürfen Sie es nicht länger belohnen. Das ist der kritische Punkt, auf dem diese Methode basiert. Solange Sie einem Menschen, der Sie schlecht behandelt, mit unwandelbarer Freundlichkeit entgegenkommen, wird er sich in seiner Rücksichtslosigkeit bestätigt fühlen und hat keinen Grund, von ihr abzurücken. Nur selbstsichere und reife Menschen nehmen Ihre Freundlichkeit nicht nur hin, sondern erwidern sie; sie sind auch in der Lage, auf leise Hinweise ein unakzeptables Verhalten zu ändern. Aber die restliche Menschheit ist darauf programmiert, immer gemeiner zu werden.

Um also unerträgliches Verhalten anderer zu korrigieren, liegt es an Ihnen, etwas dagegen zu tun: Sie müssen es bestrafen. Sie müssen dem Missetäter so viel Feuer unter dem Hintern machen, daß er sich in seiner Haut immer unbehaglicher fühlt und das Fehlverhalten einstellt. Das ist ein durchaus faires Vorgehen. Das stellt nämlich das Gegenteil von Belohnung für egoistisches Benehmen des Partners dar. Er wird für seine Rücksichtslosigkeit bestraft. Man kann also wahrheitsgemäß behaupten, daß Sie dem anderen durch Ihre Strafmaßnahmen zu höherer Einsicht verhelfen, auch wenn er das im Moment nicht in der richtigen Proportion begreift und zu würdigen weiß. Vielleicht werden Sie für sehr unfair, gefühllos und gemein gehalten. Aber selbst wenn Ihre Opposition gemein sein muß, um die andere Person zur Umkehr zu veranlassen, dann dienen Sie letzten Endes dieser Person.

Wenn Sie sich beispielsweise weigern, sich um die schmutzige Wäsche zu kümmern, weil Ihrer Familie nicht beizubringen ist, daß man sie in den dafür vorgesehenen Wäschekorb stopft, anstatt sie überall herumfliegen zu lassen, und sie lernt daraus, haben Sie sie dann verletzt oder ihr geholfen?

Wenn Sie Ihre Freundin auf einer Party stehenlassen, weil sie Ihre Warnungen, nicht herumzuflirten und zuviel zu trinken, in den Wind geschlagen hat, haben Sie ihr dann nicht geholfen?

Meiner Meinung nach ist es nichts anderes, auf einen groben Klotz einen groben Keil zu setzen, als ein Kind zum Arzt zu bringen, wo es geimpft wird. Selbst wenn es wie am Spieß brüllt, haben die Eltern doch die beruhigende Gewißheit, daß es nun von dieser Krankheit nicht in gefährlichem Ausmaß befallen werden wird.

Manchmal helfen wir unseren Nächsten, wenn wir ihre schlechten Gewohnheiten bekämpfen, damit diese nicht letzten Endes zu einer Zerstörung der Beziehung führen; wenn sie temporär leiden, dann muß das in Kauf genommen werden. Uns interessiert nur die Langzeitwirkung, die unser Riesen- und nicht Zwergenaufstand zeitigen soll. Offensichtlich lohnt es sich doch, wenn sich in der Familie mehr Mitglieder verantwortlich fühlen, wenn ein Mädchen sich in der Öffentlichkeit nicht danebenbenimmt, weil es auf Ihre Gesellschaft Wert legt, daß ein Leben ohne Infektionskrankheit den kleinen Piekser mehr als aufwiegt. Alle unsere Bemühungen sind keine unfreundlichen Akte, sondern Akte der Liebe.

Wenn Sie die Sache von dieser Seite betrachten, werden Sie doch zugeben müssen, daß es unmoralisch ist, durch Nachsicht und Passivität andere Menschen in ihrem schlechten Verhalten zu bestärken, weil es zu noch mehr unmoralischem Verhalten führt.

Ich behaupte auch, daß Sie nicht gegen Ihre moralischen Wertvorstellungen verstoßen, wenn Sie sich auf ein niedrigeres Niveau begeben und Gleiches mit Gleichem vergelten, weil die Handlungen der anderen entweder der Unwissenheit oder einer Störung entspringen, während Ihr Handeln von dem Wunsch getragen ist, den anderen von beidem zu befreien. Die Handlung mag also die gleiche sein, aber Ihre Absicht stellt Ihre Tat auf ein viel höheres Niveau.

Es wird höchste Zeit, daß die Menschen sich mit gutem Gewissen durchzusetzen wagen. Und wenn ihre Durchsetzungskraft nicht ausreicht, ist es höchste Zeit, auch bei Aggressionen nicht Unbehagen zu empfinden. Der Unterschied zwischen den beiden ist, daß man versucht, sich ohne Gewalt durchzusetzen, aber bei Aggressionen Gewaltanwendungen in Kauf nimmt.

Sie mögen einwenden, daß es bessere Möglichkeiten geben muß, um mit menschlichen Schwächen umzugehen, als zu immer negativeren Mitteln zu greifen, bis sogar Gewaltanwendung moralisch gerechtfertigt erscheint. Ich fürchte aber, daß das nicht zutrifft. Ich habe noch den Aufschrei im Ohr, als ich in meiner Eheberatung mit solchen Vorschlägen kam; keiner ist gern bereit, meinem Rat zu folgen. Doch lassen wir noch einmal die Möglichkeiten Revue passieren, die uns offenstehen, um unzumutbares Verhalten zu korrigieren. Da wird das Dilemma deutlich, das bei jeder Wahl auftritt.

Zuerst ging es darum, daß man gewöhnlich eine schlechte Situation mit Anstand ertragen kann. Wenn sie nicht zu ändern ist, lernt man, sich zu fügen. Oft aber ist ein Punkt erreicht, wo man den Partner nicht mehr erträgt. Dann wählt man den nächsten Schritt: Protest. Darauf wenden die Paare in meiner Sprechstunde ein, sie wollten nicht auf das Niveau des anderen sinken, und es würde sie zu sehr aufregen. Schlage ich dann vor, die Szene der Auseinandersetzung zu verlassen und sich zu trennen oder scheiden zu lassen, höre ich: »Nein, das bringt alles durcheinander, und außerdem ist das wegen meines Glaubens unmöglich.« Dann bleibt noch übrig, die gegebene Situation eben zu ertragen, wenn auch mit Groll, selbst wenn sich daraus weitere seelische Probleme automatisch ergeben. Das schmeckt ihnen auch nicht, worauf ich mich in vollem Ernst erkundige: »Warum tolerieren Sie die Dinge dann nicht ohne Groll?« Darauf fangen wir wieder von vorn an, weil dieser Rat nicht akzeptabel ist, und kommen schließlich zu der Erkenntnis, daß alle 4 Möglichkeiten ziemlich abscheulich sind, daß aber keine anderen existieren.

Es muß also eine unliebsame Wahl getroffen werden. Meistens werden die größten Hoffnungen auf eine Veränderung des Fehlverhaltens anderer auf Möglichkeit 2 gesetzt, auf Protest. Das ist die stürmischste Alternative. Sofern sie aber zum Erfolg führt, bringt sie einen Zustand hervor, mit dem beide Partner leben können. Wer nicht hören will, muß fühlen – manchmal lernen wir am besten das, was am meisten schmerzt.

Moralisch unterentwickelt

Sehen Sie sich folgende Bibelstelle aus dem Korintherbrief des Apostels Paulus an:

»Die Liebe ist langmütig und freundlich, die Liebe eifert nicht, die Liebe treibt nicht Mutwillen, sie blähet sich nicht, sie stellet sich nicht ungebärdig, sie suchet nicht das Ihre, sie läßt sich nicht erbittern, sie rechnet das Böse nicht zu, sie freuet sich nicht der Ungerechtigkeit, sie freuet sich aber der Wahrheit; sie verträgt alles, sie glaubet alles, sie hoffet alles, sie duldet alles.«

Erhabenere Worte wurden wohl nie geschrieben. Können Sie sich eine Welt vorstellen, in der alle Menschen nach dieser Lehre leben? Diese Schönheit, Majestät und Hoffnungsfreude würden wir gern in allen Situationen erleben. Vernünftige Menschen mit innerer Stabilität und nur geringfügigen Störungen können das als moralische Grundsätze für ihren Lebensstil akzeptieren. Menschen allerdings mit ernsthaften Störungen und geringer Reife werden das Ideal des Paulus nur selten erreichen. Und die überall waltende Liebe macht auch auf eine andere Art von Menschen keinen Eindruck, nämlich auf die moralisch Unterentwickelten.

Diese moralisch Zurückgebliebenen haben ein Niveau ethischer Erkenntnisse, das weit unter dem liegt, was ihrem Alter und ihrer Lebenserfahrung angemessen wäre. Ebenso wie man die intellektuellen Fähigkeiten der Menschen miteinander vergleichen kann, ist das auch mit ihren gelebten Wertmaßstäben möglich. Manche Individuen wie Philanthropen bekommen für ihr moralisches Verhalten eine sehr gute Note. Niederträchtige Menschen, die andere gern peinigen und quälen, skrupellos über sie hinwegtrampeln, oder auch solche, die es gut meinen, aber den anderen unnötiges Leid bereiten, bekommen schlechte Noten.

Ein moralisch zurückgebliebener Mensch braucht nicht gestört oder geistig minderbemittelt zu sein. Es kann sich durchaus um eine intelligente und gebildete Person handeln, die auch ihre seelischen Probleme recht gut beherrscht. Ihre moralische Entwicklung ist aber auf einem niedrigen Niveau stehengeblieben, verglichen mit dem Verständnis, der Anteilnahme und der Weisheit normaler Menschen. Diese Gruppe von Menschen wird auf Regel 2 keinesfalls ansprechen, sondern allenfalls durch die schmerzlichen Konsequenzen von Regel 3 zum Einlenken gebracht werden können.

Es gibt eine Fülle von Beispielen für moralische Unterentwicklung, um meine Behauptung zu illustrieren. Am augenfälligsten erscheint mir das traditionelle Vorurteil gegenüber Schwarzen und Frauen. Neger ebenso wie Frauen wurden und werden von sonst durchaus anständigen Menschen in einer weißen, männerdominierten Gesellschaft ungerecht behandelt. Diejenigen, die die Sklaverei befürworteten und die Diskriminierung fortführen, ebenso wie die vielen Männer, die insgeheim den Frauen keine Gleichberechtigung zugestehen, sind ganz gewöhnliche, gefestigte Menschen mit in vieler Hinsicht gesunden Moralvorstellungen. Und doch haben sie Millionen unterdrückt. Sie begehen soziale Ungerechtigkeit, indem sie der Hälfte der Menschheit die vollen Bürgerrechte vorenthalten.

Wie ist das aber bei sonst vernünftigen und moralisch einwandfreien Menschen möglich? Weil sie auf diesem Gebiet moralisch unterentwickelt sind. Sie erkennen nicht, wie unmoralisch ihr Verhalten in dieser Hinsicht ist. Sie haben nicht beigebracht bekommen, sich in die Haut eines anderen zu versetzen und sich mit seinen Benachteiligungen zu identifizieren.

Frauen wurden seit Jahrtausenden mißhandelt, unterdrückt und als zweitklassige Bürger abqualifiziert. Und diese massiven Ungerechtigkeiten wurden von tadellosen, intelligenten, kultivierten Männern mit erstklassiger Ausbildung bei den führenden Institutionen begangen. Sie gehören alle zu den moralisch Zurückgebliebenen, und deshalb fruchten bei ihnen freundliche Vorhaltungen und geduldige Nachsicht kein bißchen.

Ein Spruch besagt, man solle unter Verrückten nicht frohen Herzens leiden. Dem möchte ich noch hinzufügen, daß wir auch keinen Grund haben, freiwillig und gern moralische Krüppel zu erdulden.

Zum Glück können wir diese traurige menschliche Situation verändern und den Leuten beibringen, ihre Moral zu einem höheren Niveau weiterzuentwickeln. Und eine Methode ist, unzumutbares Verhalten mit unzumutbarem Verhalten zu vergelten. Dieser Prozeß spielt sich bereits seit Jahrhunderten ab, Millionen praktizieren diese Methode mit einigem Erfolg. Aber sie machen sich nicht klar, daß sie einem festen moralischen Grundsatz entspringt.

Betrachten Sie die Frau, die von ihrem versoffenen Vater jahrelang schikaniert wurde, bis sie jedes Gefühl für ihn verlor.

Sie hat ihm die Mißhandlungen mittlerweile vergeben, will aber nichts mehr mit ihm zu tun haben. Ist ihre Ablehnung moralisch gerechtfertigt? Meiner Meinung nach ja. Er hat sich die Ablehnung redlich verdient. Sie braucht ihm nicht böse zu sein oder ihn zu hassen. Er ist keine wertlose Person. Er ist nur ein Mensch, der mit seinen Problemen nicht fertig geworden ist. Wenn sie an seiner Gesellschaft keinen Gefallen findet, ist das sein Fehler. Nur weil sie ihn nicht haßt, braucht sie ihn nicht zu ertragen oder ihn zu bedienen.

Vergleichen Sie mit dem eben geschilderten Beispiel für Selbstachtung den Fall einer Frau, die sich bei mir beklagte, daß ihr Mann sie körperlich und seelisch mißhandle. Sie weigerte sich, ihn auch nur mit Kleinigkeiten für sein unglaubliches Verhalten zu bestrafen, weil sie sagte, er könne nicht anders, er sei selbst ein mißhandeltes Kind gewesen. So edel das im ersten Moment klingen mag, unterstützt sie doch in Wirklichkeit sein Fehlverhalten, weil sie nichts dagegen unternimmt. Sie benimmt sich neurotisch.

Leidgeprüfte Individuen, die sich von ihren Partnern alle möglichen Übergriffe und Mißhandlungen, wie Trunksucht, Schlägereien, Untreue oder Gemecker, gefallen lassen, zeigen im allgemeinen dabei keine Vergebung. Nur zu oft verabscheuen sie sich selbst und meinen, keine bessere Behandlung zu verdienen; so erleiden sie geduldig von ihren nächsten Angehörigen die schandbarsten Ungerechtigkeiten.

Ein Mann berichtete mir einmal, sein Vater habe ihm verboten, sich gegen die Kinder in der Schule zu wehren, die ihn hänselten und angriffen. Er war ein stämmiger Bursche und hätte mit den anderen leichtes Spiel gehabt, gehorchte aber seinem Vater.

Der mittlerweile ältere Mann ging von den Voraussetzungen aus, daß eine Bestrafung selbst bei größter Provokation Unrecht sei und daß sich die Menschen zu gegebener Zeit schon bessern würden. Als Resultat wurde mein Patient von seinen Schulkameraden von der 1. bis zur 12. Klasse herumgeschubst und vertrimmt. Doch eines Tages im letzten Schuljahr hatte er von den Gemeinheiten die Schnauze voll. Er verprügelte den ärgsten Schinder und rammte ihn in einen Spind. Handelte er richtig? Er hat dafür eine Medaille verdient! Wie viele Jahre wollte sein Vater noch warten, bis sich bei den anderen Kindern endlich ein Minimum an Moral entwickelt hatte? Der amerikanische Präsident Roosevelt traf mit seiner Formulierung von Regel 3 den Nagel auf den Kopf: »Sprechen Sie sanft, aber halten Sie einen Prügel in der Hand!«

Hindernisse bei Regel 3

Bei manchen Menschen sind die Zustände im Betrieb oder in der Ehe so unerträglich, daß ihnen eine Beendigung des Verhältnisses als einzig vernünftige Lösung erscheint. Und doch bekommen sie von Leuten in geradezu lächerlich zerrütteten Ehen zu hören, sie hielten nichts von Scheidung.

Ich kannte einmal einen Mann, der auf seine Frau wahnsinnig eifersüchtig war und sie zu einem Leben nach seinen Vorschriften und Erwartungen zwang, das sie verzweifelt unglücklich machte. Trotzdem überzeugte er sie mit Erfolg, daß eine Scheidung unmöglich und unmoralisch sei, und sie war so eingeschüchtert, daß sie diesen Standpunkt akzeptierte. So öffnete sie für jede Schikane Tür und Tor. Er konnte sich so brutal und rücksichtslos aufführen wie er wollte, ohne Furcht zu haben, von seiner Frau verlassen zu werden, weil an eine Trennung ja nicht zu denken war. Wie sollte sich etwas an dem unwürdigen Zustand ändern, wenn die entscheidende Waffe stumpf war? Warum sollte er sich zu Änderungen bequemen? Er besaß doch einen Blankoscheck für jede Quälerei seiner Frau, ohne Gefahr zu laufen, von ihr jemals unter Druck gesetzt zu werden.

Manche Menschen scheuen sich, Regel 3 anzuwenden und ihren Partnern die Hölle heiß zu machen, weil sie befürchten, mit einer Scheidung das Stigma des Versagers zu tragen. Obgleich sie 35 Jahre lang verheiratet gewesen sein mögen, halten sie eine Beendigung dieser Ehe für einen persönlichen Fehlschlag. Solange man die Versuche nicht aufgibt, hat man in der Ehe nicht versagt, meine ich dagegen. Wenn Sie dafür gesorgt haben, daß die Ehe gutging, ist es gleichgültig, ob es 1 Woche oder 50 Jahre lang zutraf. Wenn Sie sie nicht weiterführen wollten oder konnten, lag es an Ihrer Einschätzung, daß es nicht klappen würde und daß es die vernünftige Entscheidung war, zu gehen.

Es wird langsam Zeit, daß wir lernen, mit unseren Köpfen zu denken und nicht mit unseren Herzen. Sicher gibt es Zeiten, in denen wir nicht verstandesbestimmt leben wollen – da sollen unsere Gefühle die Handlungen diktieren. Niemand wird behaupten, daß es immer angebracht ist, logisch wie ein Computer die Fakten abzuhaken und zu bearbeiten. Das Leben wäre viel weniger farbig und vergnüglich ohne ein bißchen Aufregung und Improvisation.

Möchten Sie wissen, wer in einer Beziehung die Übermacht hat? Liegt sie nicht bei dem, der mit dem Herzen weniger dabei ist? Wenn Ihnen eine Beziehung zu wichtig ist, neigen Sie dazu, viel zu lange nachzugeben, um sie zu erhalten, und Sie erkaufen sie sich zu einem zu hohen Preis. Wenn Sie Ihr Herz aber nicht so ausschließlich an eine Sache gehängt haben, läßt sich ein Verlust leichter verkraften, und Sie können härtere Forderungen stellen.

In einer Ehe bedeutet das, daß der Gleichgültigere seinen Kopf häufiger durchsetzen kann. Der weniger Betroffene hat es leicht, den anderen abzufertigen, er könne ja gehen, wenn es ihm nicht passe. So würden Sie vermutlich bei einem Job reagieren, an dem Ihnen nicht viel liegt. Aber wenn Ihr Leben und das Ihrer Familie davon abhinge, daß sie den Job nicht verlieren und auf der Straße stehen, dann würden Sie sich vermutlich jeden Widerspruch verkneifen, nur um den Boß nicht zu reizen. Ich finde das äußerst unfair, aber so spielt das Leben.

Seit Jahren stoße ich immer wieder auf die Theorie, daß an den Schwierigkeiten eines Paares die mangelhafte Kommunikation schuld sei. Das hat mir nie eingeleuchtet. In vielen Fällen beschreiben Frauen und Männer ihre Probleme ausführlich und wie sie sich zurückgesetzt fühlen. Jeder kennt den Hintergrund und die Motive für das Verhalten des anderen im Detail. Und doch kommen sie zu keiner Übereinstimmung. Etwa, weil sie sich nicht verstehen? Gewiß nicht. Sie verstehen ganz genau, was der andere will, aber akzeptieren seine oder ihre Argumente einfach nicht.

Das läuft dauernd zwischen einzelnen Menschen wie zwischen Regierungen ab. Was wir lernen müssen, ist die Notwendigkeit, damit einverstanden zu sein, verschiedene Meinungen zu haben. Es wäre naiv zu glauben, daß wir den anderen zur vollen Zustimmung bewegen können, wenn wir uns nur oft genug erklären.

Georgs Fall

Georg ist seit seiner Jugend ein anständiger Mensch. Er hat sich bewußt darum bemüht, weil er davon überzeugt war, mit Willenskraft und ernsthaftem Streben so etwas wie einen Heiligenschein erwerben zu können, denn Heiligkeit ging ihm über alles. Es überraschte niemand, daß er Pfarrer wurde; in diesem Beruf konnte er sein Ideal unbeirrbar verfolgen. Durch seinen Charme, seine Intelligenz und seine persönliche Redlichkeit erwarb er sich Achtung und Liebe von weiten Kreisen in und außerhalb seiner Gemeinde. Seine Kirche war immer voll, seine Beliebtheit groß, und alle bewunderten seine guten Taten. Was suchte er dann in meiner Praxis?

Er war dabei, aus der Liebe zu fallen. Die Zuneigung zu seiner Frau nahm immer mehr ab, und er konnte den Verlust nicht bremsen. Zeitweilig überfielen ihn Gedanken an eine Scheidung mit einer Heftigkeit, die ihn schockierte. Es bekümmerte ihn zutiefst, zu merken, wie leicht er seiner Frau nach 15 Jahren Ehe den Rücken kehren könnte. Bei seiner moralischen Sensibilität hatte er natürlich Schuldgefühle bei solchen Überlegungen. Hatte er nicht versprochen, sie zu lieben »bis der Tod uns scheidet«? Aber seit 2 Jahren schon unterdrückte er mit Mühe die zersetzende Wahrheit, daß er weg wollte.

Er machte sich keine Illusionen, was das beruflich bedeuten würde. Große Nachteile standen zwar nicht zu erwarten, aber günstig war es keinesfalls. Seine 4 Kinder waren in einem Alter, in dem sie eine Scheidung besonders erschüttern würde. Doch am meisten plagte ihn, daß eine Scheidung nicht nur schlechter Stil und geschmacklos war, sondern moralisch verwerflich.

Georg wollte seine Frau ändern oder sich selbst oder beides. Nicht, daß er das nicht probiert hätte; das war nicht der Grund seines Verdrusses. Ihn störte, daß der Erfolg ausgeblieben war. Die unliebsamen Eigenschaften seiner Frau kamen allmählich mit den Jahren zum Vorschein. Kurz nach seinem Amtsantritt, als er um sie warb, war sie ein herzliches und fröhliches Mädchen gewesen. Mit jeder Beförderung in eine größere Kirche mit höherem Ansehen aber verlor sie an Lebensfreude und wurde immer starrer. Als Kompensation für ihre lebenslange Unsicherheit wurde sie zur Perfektionistin. Ihre Kinder, ihr Mann, ihr Haus und sie selbst mußten tadellos sein, um ihrer Selbstachtung zu genügen. Unweigerlich ergab sich daraus, daß mit ihr nicht gut Kirschen essen war; sie zu lieben machte sie einem immer schwerer.

In unserer 1. Sitzung berichtete Georg, was er bisher gegen seine Schwierigkeiten unternommen hatte.

»Zuerst habe ich versucht, ihre Forderungen zu ignorieren. Manchmal klappte das auch ganz gut. Aber oft hat mich ihre Pedanterie so verrückt gemacht, daß ich mich nicht bremsen konnte. Ich fuhr dann aus der Haut und habe ihr verletzende Dinge gesagt. Und hatte dann deshalb Gewissensbisse. Das ist nicht meine Art. Das widerspricht allen meinen Wertvorstellungen.«

Er erzählte dann, was für einen Eiertanz die Kinder machten, nur um bei der Mutter nicht unliebsam aufzufallen. Meistens blieb es daraufhin friedlich. Ab und zu gab es Ausbrüche der Kinder gegen ihre »Tyrannei«, aber nach ein paar Tagen hatten sich die Gemüter wieder abgekühlt, und die ganze Familie tanzte wieder nach ihrer Pfeife.

Soweit ich ermitteln konnte, verlegte Georg sich auf verbalen Protest, um seine Frau zurechtzuweisen. Wenn er seinen Standpunkt klarmachte und sie ihn verstand, dann wiederholte sich das zigmal. Sie wußte genau, wie er dazu stand, wenn die Kinder spät nach Hause kamen oder nur durchschnittliche Noten mitbrachten. Er gab ihr zu verstehen, daß den Gemeindemitgliedern und ihren Frauen Witze zu erzählen völlig in Ordnung war. Das fand sie nicht. Ihrer Ansicht nach verlor er ihren Respekt, wenn er sie wie seinesgleichen behandelte und sich mit dem Vornamen anreden ließ.

Es handelte sich bei Georg also um eine Familie, in der die Kommunikation gut klappte. Daran haperte es nur selten. Das Problem war der Mangel an Verständnis, an Zustimmung, der die vielen Spannungen hervorrief.

Mir wurde schnell deutlich, daß er sich zu lange auf die sanft überredende Tour von Regel 2 verlassen hatte, um eine Änderung bei seiner Frau herbeizuführen. Er hatte sich unendlich oft wiederholt und seiner Frau seine Meinung dargelegt, als hätte sie sie nicht verstanden. In einem langen Gespräch versuchte ich ihm zu helfen:

Arzt: Warum wollen Sie nicht einsehen, daß sie einfach eine andere Meinung hat? Sie haben doch wohl nicht vor, ihr noch ein Jahr lang die Gründe zu erklären, warum sie sich ändern soll? Meinen Sie, daß das dann Erfolg hat?

Patient: Wahrscheinlich haben Sie recht. Ich habe meine Ansichten von jeder möglichen Seite aus beleuchtet. Ich weiß nicht, wie ich sie überzeugen kann.

Arzt: Warum hören Sie nicht auf, nett zu sein und logisch zu debattieren, und gehen statt dessen zu ein paar Kraftakten über?

Patient: Was zum Beispiel? Sie schlagen doch nicht etwa körperliche Handgreiflichkeiten vor?

Arzt: Natürlich nicht, jedenfalls nicht so, wie Sie meinen. Aber ist es nicht höchste Zeit zu handeln, anstatt zu reden?

Patient: Handeln – wie?

Arzt: Da gibt es einiges. Ich kenne Sie und Ihre Frau nicht gut genug, um zu wissen, wo der Hebel anzusetzen ist.

Patient: Hebel? Am liebsten nähme ich die Axt. Ich will, daß sie sich entspannt, daß sie nicht mehr so verflixt pingelig und befangen ist und einfach das Leben mehr genießt.

Arzt: Da kann ich nicht widersprechen. Was Sie sagen, klingt sinnvoll. Aber was haben Sie für Ergebnisse mit Ihrem jahrelangen Gutzureden und Ihren Erklärungen erzielt?

Patient: Nicht viele.

Arzt: Ist es dann nicht an der Zeit, die Strategie zu ändern und ihr Verhalten nicht länger zu unterstützen? Vielleicht sollten Sie nicht mehr ...

Patient: Verzeihen Sie, wenn ich unterbreche, aber was meinen Sie, ich soll ihr Verhalten nicht länger unterstützen? Wer unterstützt denn ihr Verhalten? Ich habe seit Jahren dagegen angekämpft, bis ich Fransen am Mund hatte.

Arzt: Sie belohnen sie und bestärken sie deshalb in ihrem Benehmen. Warum meinen Sie, hat sie ihr Verhalten trotz ihrer jahrelangen Vorhaltungen nicht geändert?

Patient: Ganz sicher nicht, weil ich es dulde. Sie geben ja selbst zu, daß ich es ihr mit meinem Schelten ungemütlich gemacht habe. Wie kommen Sie auf die Idee, daß sie ermutigt wird?

Arzt: Wenn das Verhalten fortgesetzt wird, Georg, dann deshalb, weil es belohnt wird. Verhaltensweisen, die nicht belohnt oder bestärkt werden, werden allmählich eingestellt.

Patient: Aber wie soll das möglich sein? Ich habe sie nie wegen ihrer Launen gelobt. Ich habe sie nie geküßt, wenn sie mit den Kindern herumgeschrien hat. Ich habe sie nie in die Arme genommen, nachdem sie mich wegen meiner Freundlichkeit mit den Gemeindemitgliedern kritisiert hat.

Arzt: Daran zweifle ich nicht. Aber wenn Leute sich Ihnen gegenüber auf bestimmte Weise benehmen, dann geschieht das, weil Sie es zulassen. Würden Sie ihr nervendes Benehmen nicht tolerieren, würde sie sich entweder ändern, oder Sie würden sich ohne Groll fügen oder aber für eine Trennung sorgen. Da sie die ganze Familie so triezt, muß sie von irgendwoher dafür Streicheleinheiten beziehen.

Patient: Wie? Wie kann ich ihr denn Streicheleinheiten zukommen lassen, wenn ich immer nur protestiere? Ich verstehe das nicht.

Arzt: Sie haben das, glaube ich, gerade selbst beantwortet. Sie haben immer nur geredet. Worte sind billig. Bei den meisten Menschen gehen sie ins eine Ohr hinein und zum anderen wieder hinaus. Meiner Meinung nach waren Ihrer Frau die Vorhaltungen schon unliebsam, aber nicht unangenehm genug, um sich zu ändern.

Patient: Nicht einmal, wenn ich aus dem Haus gestürmt bin und sie das Zimmer in Tränen verließ?

Arzt: Beantworten Sie die Frage selbst.

Patient: Warum verlangen Sie das von mir?

Arzt: Weil die Antwort auf der Hand liegt.

Patient: Sie meinen, wenn nichts passiert ist, wenn ich ging oder sie weinte, dann hat sie aus der Situation irgendwie noch mehr Vergnügen gezogen als den Schmerz, den ich verursachte.

Arzt: Genau.

Patient: Aber was soll daran Vergnügen machen?

Arzt: Vielleicht, daß sie wieder einmal ihren Kopf durchgesetzt hat. Ich vermute, sie haben eine Weile herumgebrüllt, aber am Schluß praktisch alles beim alten gelassen.

Patient: Das mußte ich doch. Wenn ich ihr zuviel widersprochen hätte, wäre ich tagelang für sie Luft gewesen. Dann hätte es überhaupt keinen Frieden gegeben, und die Wut auf mich hätte sie an den Kindern ausgelassen.

Arzt: Das ist kein angenehmer Gedanke, und ich verstehe, warum Sie alles vermeiden, was sie reizen könnte.

Patient: Das können Sie glauben!

Arzt: Trotzdem bleibe ich bei meiner Behauptung. Wenn Sie unannehmbares Verhalten, aus welchen Gründen auch immer, übergehen, wird es sich nicht bessern, sondern sogar noch schlimmer werden.

Patient: Darüber muß ich nachdenken. Ich sehe den Sinn in Ihren Erklärungen, aber es ist schwer zu schlucken.

Arzt (wollte ihn bei den Sitzungen motivieren, die Wortgefechte und Toleranz aufzugeben. Er gehörte ja bereits zu der großen Menschengruppe, die mit ihrem Los weniger als halbwegs zufrieden war): Georg, ich möchte nicht, daß Sie sich darum herumdrücken, etwas wegen Ihrer Frau zu unternehmen. Wenn

Sie ihr weiterhin ihren Willen lassen auf Ihre Kosten und Ihrer ausreichenden Zufriedenheit, dann schaden Sie nicht nur sich selbst und den Kindern, sondern auch Ihrer Frau.

Patient: Das verstehe ich nicht. Wieso schade ich der ganzen Familie, wenn ich meiner Frau nachgebe?

Arzt: Weil Sie Ihren Punkt der relativen Zufriedenheit unterschritten haben. Solange Sie mit einem Zustand ziemlich zufrieden sind, ist es in Ordnung. Aber wenn die Unzufriedenheit ein Dauerzustand wird, bringt das alle in Schwierigkeiten.

Patient: So meinen Sie das? Wenn ich schwer frustriert bin, wirkt sich das auf die ganze Familie aus?

Arzt: Ich spreche nicht von den üblichen Frustrationen, sondern ich meine den chronischen Groll, der sich Jahr über Jahr hinzieht. Wenn Sie nicht das Gefühl haben, in irgendeiner Beziehung halbwegs befriedigt zu werden, dann geschehen drei üble Dinge, Georg.

Patient: Was denn?

Arzt: Zuerst werden Sie aufgeregt, bekümmert, deprimiert, kauen die Fingernägel oder trinken zuviel oder denken an Untreue.

Patient: Daran habe ich gottlob noch nicht gedacht, aber die anderen Symptome treten schon auf. Was sind die anderen beiden Punkte?

Arzt: Die zweite Folge einer dauernden Frustration mit einem Partner ist, daß Sie aus der Liebe fallen. Und als dritte Konsequenz interessiert Sie die Ehe nicht mehr.

Patient: Ach so. Das erlebe ich ja schon alles.

Arzt: Den Eindruck habe ich auch. Wenn die Dinge also nicht noch schlimmer werden sollen, müssen Sie etwas tun, um den negativen Trend zu brechen.

Patient: Ich verstehe. Sonst verschwinden meine letzten Gefühle für meine Frau, und dann geht es mit der Ehe zu Ende.

Arzt: Richtig. Wenn Sie dauernd Ihre eigenen innersten Wunschvorstellungen und Bedürfnisse ignorieren, wird Ihre Frau sich anfänglich toll fühlen, während Sie immer elender werden. Aber sie leidet auch. Ich schlage vor, daß Sie dafür sorgen, daß Ihre Frau weniger zufrieden ist und dafür Sie mehr zufrieden werden.

Patient: Und wenn sie Terror macht?

Arzt: Was ist dann? Sie können sich darauf verlassen, daß sie das tut. Aber Ihre Frage ist irrelevant. Es ist gleichgültig, ob sie unglücklich ist oder nicht. Im Augenblick sollen Sie sich nur darauf konzentrieren, daß Sie wieder Ihren Punkt der Zufriedenheit erreichen.

Patient: Aber bringe ich mit einem solchen Druck nicht meine Frau in einen Zustand unzureichender Zufriedenheit.

Arzt: Sicher.

Patient: Und was dann?

Arzt: Dann können Sie beide versuchen, sich an Möglichkeit 1 zu orientieren und Frustrationen ohne Groll zu tolerieren. Sie könnten sich beispielsweise dazu bringen, sich nicht mehr über ihr Meckern aufzuregen. Oder sie könnte Ihre Zurechtweisungen auf die leichte Schulter nehmen.

Patient: Ich bin nicht sicher, ob wir diesen Punkt nicht überschritten haben.

Arzt: Ich fürchte ja. Meiner Meinung nach sind Sie am besten dran, wenn Sie streiken und den kalten Krieg erklären, bis Ihre Frau einlenkt und sich so benimmt, daß Sie sie wieder lieben können.

Patient (der allmählich die Strategie begriff; theoretisch stimmte er zu, aber die praktische Durchführung machte ihm Sorgen; es widerstrebte seinem sanften Naturell, mit seiner Frau übel umzuspringen): Ich kann Ihnen gar nicht sagen, wie sehr sich alles in mir dagegen sträubt, meine Frau schlecht zu behandeln. Allein schon bei dem Gedanken, mich auf ihr Niveau der Auseinandersetzung hinunterbegeben zu müssen, wird mir übel. Ihr Auftreten ist schon schlimm genug, ohne daß ich die gleiche Tonart anschlage.

Arzt: Sie haben meine volle Sympathie. Betrachten Sie es einmal von der Seite: Wenn Sie ihr mit gleicher Münze heimzahlen und es ihr unangenehm machen, wenn sie unangenehm wird, und das stoppt ihr Verhalten, was haben Sie dann zu verlieren außer einem bißchen Stolz? Vergessen Sie nicht, daß Sie es mit Liebe und Güte und Vernunftargumenten jahrelang versucht haben, ohne daß sich bei ihr eine Besserung eingestellt hat, während Sie immer unglücklicher wurden.

Patient: Ja, das stimmt. Das haben Sie richtig gesagt.

Arzt: Was riskieren Sie also, wenn Sie mit den gleichen Mitteln zurückschlagen? Damit sprechen Sie ihre Sprache, und die wird sie vermutlich endlich verstehen.

Patient: Ich habe ernste Bedenken, daß das klappt.

Arzt: Warum meinen Sie das?

Patient: Weil sie bei dieser Methode ein solches Theater veranstalten wird, daß wir uns bös in die Haare geraten werden. Bisher hat nur geholfen, daß ich nachgegeben habe, wenn sie laut und fordernd geworden ist. Hätte ich nicht klein beigegeben, dann hätte ich am Ende vor lauter Wut Dinge gesagt, die ich so drastisch nicht meine.

Arzt: Oh, ich verstehe Ihr Zögern. Sie meinen, daß Sie Öl aufs Feuer gießen, wenn Sie noch wütender werden als sie.

Patient: Genau.

Arzt: Aber ich will keineswegs, daß Sie bei Ihren pädagogischen Maßnahmen zornig werden.

Daraufhin sprachen wir ausführlich über die Psychologie des Zorns. Ich erläuterte, daß nur er selbst sich zornig machen kann, und zwar dadurch, daß er meint, seinen Kopf durchsetzen zu müssen, daß er Menschen für schlecht hält, die ihn frustrieren und daß er die verfehlte Meinung hat, um einen bösen Menschen in einen guten zu verwandeln, bedürfe es einer haßvollen, den anderen erniedrigenden Bestrafung. Wir stimmten überein, daß der 1. Schritt war, Ediths Ausbrüche zu ignorieren. Wir wollten in Kauf nehmen, daß sie eine Weile heftiger als zuvor toben würde, die bisher härteste Zerreißprobe der Ehe. Ich betonte aber, daß er höflich bleiben und ihr aus dem Weg gehen sollte, und zwar trotz allen Protestgeschreis, damit sie merkte, daß es ernst war.

In den folgenden Wochen leitete ich ihn an, wie er sie am wirkungsvollsten schikanieren könnte, in der Hoffnung, ihre üblen Gewohnheiten zu brechen, und wie er das in aller Ruhe bewerkstelligen könnte. Wenn sie ihm also während einer Gesellligkeit Vorhaltungen machte, sollte er sich ruhig von den Gastgebern verabschieden und sie unverzüglich nach Hause bringen.

Kaufte sie etwas und gab mehr Geld als abgesprochen aus, sollte er den Laden anrufen und den Gegenstand zurückgeben. War mit einem Scheck bezahlt worden, sollte er ihn bei der Bank sperren. Weigerte sie sich, angemessen oft die Wochenenden oder Feiertage bei seinen Eltern zu verbringen, dann sollte er ihre Eltern auch nicht besuchen.

Sie hatte die schlechte Gewohnheit, ihn warten zu lassen. Wenn ihre Verzögerung ein vertretbares Maß an Rücksicht überschritt, sollte er ihr freundlich sagen, daß er jetzt gehe und sie ihren Wagen nehmen könne, um zu der Verabredung zu gelangen. Er sollte nicht mit ihr streiten, sondern ihr einen Kuß auf die Wange geben, sie anlächeln und sich verabschieden »Auf bald, Liebes.« Und dann sollte er ohne sie verschwinden.

Patient: Das ist mir schwerer gefallen, als Sie sich vorstellen können. Ich haßte es, so kleinlich zu sein. Ich, ein Pfarrer, führte mich auf wie ein verzogenes Gör. Und trotzdem, seitdem ich alles mit gleicher Münze heimzahle, verbessert sich die Lage. Ich merke es jede Woche. Sie sagten, daß sie mich nicht respektiere. Also, langsam ändert sich das, sehr zu meinem Vergnügen. Hätte ich das vor Jahren schon begriffen, dann hätte ich es niemals so weit kommen lassen.

Arzt: Ist Ihnen klar, warum Sie so passiv waren?

Patient: Ich habe mir Ihre Richtlinien zu Herzen genommen und meine, daß es an zwei Dingen lag. Erstens wollte ich das Boot nicht kippen und meine Ehe gefährden. Ich bin schließlich Seelsorger, und andere Menschen kommen zu mir um Rat. Sie können sich ungefähr ausmalen, wie ich mit einer schlechten Ehe oder gar einer Scheidung dastehen würde.

Arzt: Und Ihr zweiter Grund?

Patient: Da ging es mehr ums Prinzip. Ich habe immer gelernt, daß die Liebe alles überwindet. Wenn die Menschen nicht miteinander glücklich sind, sollen wir ihnen Liebe schenken, bis sie selbst dem guten Beispiel folgen und liebevoller werden. Durch die Therapie habe ich aber erkannt, daß bedingungslose Liebe den anderen emotional verkrüppeln kann, während ein fester Standpunkt unseren Lieben gegenüber ein Beweis für unsere Zuneigung ist. So erziehen wir doch Kinder, warum also nicht auch Erwachsene, die es nötig haben?

Arzt: Besser hätte ich es nicht ausdrücken können.

Edith fühlte sich durch die neue Gangart so betroffen und verunsichert, daß sie die »verrückten Dinge«, die die Therapie verursachte, in Augenschein nehmen wollte. Sie suchte also meine Sprechstunde auf, und ich machte mit ihr allein 6 Sitzungen und noch ein paar gemeinsam mit Georg.

Die Ergebnisse waren sehr erfreulich. Georg zeigte gegenüber Ediths unerträglichem Verhalten weniger Toleranz, weil er nicht mehr soviel Angst hatte, sie könne die Koffer packen und ausziehen. Da Edith im Grunde seine sichere Hand mochte, fühlte sie sich ebenfalls besser. Übrigens waren beide über ihre neuen Erfahrungen überrascht. Die Beziehung verbesserte sich langsam, aber sicher. Tatsächlich wendete Georg einige der neu erlernten Methoden später erfolgreich bei seinen Kindern und auch bei seinen Angestellten an.

Für mich war der schönste Beweis seiner veränderten Haltung die Erläuterung in einigen Predigten, um auch andere auf diesem Weg zu Kooperation, Achtung und Liebe zu führen.

Patient: Es war nicht leicht, meiner Gemeinde zu empfehlen, Liebe durch Standfestigkeit auszudrücken, weil ich wußte, daß sie das als Rache ansehen und ablehnen würden.

Arzt: Das leuchtet mir ein. Man muß schon einige der alten Ideen über Bord werfen und umdenken, ehe man merkt, daß wir nicht die Menschen durch Verzeihen und Nachgiebigkeit dazu bringen können, uns zu achten und zu lieben.

Patient: Und daß in der gleichen Proportion nicht nett sein ein besserer Weg zu lieben und geliebt zu werden ist. Aber ich wende diese Methoden noch immer zögernd an. Ob sich das einmal legt?

Arzt: Vielleicht fällt es Ihnen später leichter, aber wahrscheinlich sträuben sich alle Menschen guten Willens dagegen, grob werden zu müssen. Und das ist auch gut so. Wenn es uns Spaß machte, gemein zu sein, dann ginge es uns schlecht.

Ein realistischer Standpunkt

Sehr zu meinem Bedauern kam ich zu der Erkenntnis, daß ernste Konflikte wegen der Natur der Menschen nicht ausbleiben können. Gewalttätigkeit, Mord und sogar Krieg sind unausweichlich. Anscheinend ließen sie sich vermeiden, wenn Regel 1 und 2 immer funktionierten. Aber das ist wohl eine weit hergeholte Hoffnung. Es ist ziemlich unwahrscheinlich, daß Menschen und Völker soviel Anstand haben werden, Gutes zu vergelten oder auf Vorwürfe mit Geduld und Verständnis zu reagieren. Wir werden in einem Streit den richtigen Standpunkt des anderen nicht anerkennen, sondern unsere eigene Meinung bis aufs Blut verteidigen.

Die Ironie bei der Sache: Eine Methode von so hohem therapeutischem Wert kann bei undosierter Anwendung ins Gegenteil umschlagen. Wie ich im einzelnen ausgeführt habe, ist es gut und wissenschaftlich erwiesenermaßen wirksam, Schikanen und Strafen gegen das unzumutbare Verhalten anderer einzusetzen. Es liegt aber ein schmaler Grat zwischen dem Maß des Unbehagens, um den Übeltäter zum Einlenken zu bewegen, und dem Übermaß an Irritation, das in ihm Mordlust weckt.

Zweifellos nehmen alle Terroristen dieser Welt für sich in Anspruch, daß sie von einer Gesellschaft, die sich für ihre Bedürfnisse und Forderungen taub stellt, mit dem Rücken an die Wand gedrängt wurden. Sie finden ihre extremen Taktiken gerechtfertigt, nachdem alle anderen Methoden zu keinem Ergebnis geführt haben. Und da sie mit milden Aktionen Schiffbruch erlitten, sind ihnen ihrer Meinung nach nur noch die brutal unmenschlichen übriggeblieben.

Ist Gewalttätigkeit jemals gerechtfertigt? Können gewalttätige Übergriffe jemals moralisch begründet werden? Nur, wenn wir beweisen können, daß einzig mit gewalttätigen Maßnahmen etwas Böses abgewendet werden kann, würde unsere Argumentation stimmen, daß auch böse Mittel zum guten Ende führen können.

Unsere einzige Hoffnung für eine lebenswerte Erde ist, daß auch die Mächtigen moralische Grundsätze haben. Wenn die guten Menschen in der Überzahl sind, wird Regel 3 nur selten und wohldosiert angewandt. Wenn aber die schlechten Menschen die Mehrheit bilden, stehen uns Terror, Krieg und die reine Hölle bevor. Nicht etwa, daß Regel 3 falsch sei, sondern die Art, wie sie eingesetzt wird, könnte tragische Folgen haben. Deshalb sollte Regel 3 nur als letzter Ausweg angewendet werden. Sie kann bei liebevoller Praktizierung zu einer liebevollen Beziehung beitragen, bei zwei oder allen Menschen.

Ausblick

Dieses Buch ist entstanden, weil ich es einfach schreiben mußte. Ich hatte immer wieder mit Leuten zu tun, die mit ihren intimen Beziehungen Schwierigkeiten hatten und deshalb sehr unglücklich waren. Das meiste Elend habe ich täglich bei Menschen erlebt, die mit ihrer Arbeit, ihren Familien oder in ihren Ehen unzufrieden waren. Auf der Suche nach den eigentlichen Ursachen der Mißstände habe ich den gemeinsamen Nenner erkannt und die Gegenseitigkeitstheorie der Liebe sowie die Geschäftstheorie der Ehe formuliert und die 3 Regeln aufgestellt, um Kooperation, Achtung und Liebe zu erringen.

Ich habe mit eigenen Augen gesehen, wie sich das Leben der Betroffenen zum Guten gewendet hat, wenn sie sich realistisch mit der Situation auseinandergesetzt und soweit und soviel wie nötig die 3 Regeln praktiziert haben. Deshalb weiß ich, daß jeder in der Lage ist, mit Frustrationen vernünftig umzugehen, das unliebsame Verhalten anderer zu ändern und ein zuträgliches Maß an Glück ins eigene Leben zurückzubringen.

Vergessen Sie dabei nicht, daß zu viel Mitleid Ihren Liebsten schaden kann. Ihre Haltung sollte die sein: »Ich liebe dich genügend, um dich davon abzuhalten, eine Art von Person zu werden, die ich nicht tolerieren kann.«

Erinnern Sie sich immer daran, daß es bei einem gesunden Liebesverhältnis notwendig ist, daß Sie dem anderen all das geben, was er oder sie braucht, nicht alles, was er oder sie will. Was wir brauchen, ist eine Befriedigung der körperlichen Bedürfnisse und ein Dach über dem Kopf. Es gibt aber noch andere Bedürfnisse und Notwendigkeiten: anderen gegenüber eine eindeutige Haltung einzunehmen, Herausforderungen nicht auszuweichen, sich am Gegensätzlichen zu messen, gewisse Risiken auf sich zu nehmen und schließlich, dem Leben mit der Fülle der eigenen Fähigkeiten gegenüberzutreten.

Geben ist zweifellos ein Akt der Liebe. Aus einem nicht rachsüchtigen Herzen heraus Gaben zu verweigern, kann ein noch größerer Liebesbeweis sein. Das Leben wird jeden lehren, zu lieben und geliebt zu werden.

Bewußter leben und erleben.	Der Weg zum inneren Reich.	Wir sind alle auf demselben Weg.	Schlank im Schlaf.

Marie-Luise Stangl
Jede Minute sinnvoll leben
Vertrauen zu sich selbst gewinnen
ECON Ratgeber

Bernhard Müller-Elmau
Kräfte aus der Stille
Die transzendentale Meditation
ECON Ratgeber

Marie-Luise Stangl
Die Welt der Chakren
Praktische Übungen zur Seins-Erfahrung
ECON Ratgeber

Alfred Bierach
Schlank im Schlaf durch vertiefte Entspannung
Die SIS-Methode
ECON Ratgeber

Stangl, Marie-Luise
Jede Minute sinnvoll leben
– Vertrauen zu sich selbst gewinnen –
123 Seiten
5,80 DM
ISBN 3-612-20015-1
ETB 20015

Müller-Elmau, Bernhard
Kräfte aus der Stille
– Die transzendentale Meditation
191 Seiten
7,80 DM
ISBN 3-612-20021-6
ETB 20021

Stangl, Marie-Luise
Die Welt der Chakren
– Praktische Übungen zur Seins-Erfahrung –
Originalausgabe
107 Seiten
49 Zeichnungen
5,80 DM
ISBN 3-612-20022-4
ETB 20022

Bierach, Alfred
Schlank im Schlaf durch vertiefte Entspannung
– Die SIS-Methode –
144 Seiten, 1 Grafik
6,80 DM
ISBN 3-612-20006-9
ETB 20008

Das Buch
Eine der besten Kennerinnen der alten chinesisch-japanischen Weisheiten des Zen-Buddhismus verhilft dem Leser – von der Hausfrau bis hin zum Top-Manager – zu einem neuen Verständnis seiner selbst. Sie beschreibt, wie man durch Bewußtwerdung ganz alltäglicher Tätigkeiten und Verrichtungen – wie Gehen, Stehen, Laufen, Essen, Arbeiten – sein Leben und seine Persönlichkeit eindringlicher und bejahender erlebt und erfaßt, wie man sich von Angst, Zerrissenheit, Selbstentfremdung und aus innerer Einsamkeit löst und dadurch neue Lebenskraft schöpft.

Die Autorin
Marie-Luise Stangl leitet im Odenwald, zusammen mit ihrem Mann Dr. Anton Stangl, seit vielen Jahren Seminare zur Persönlichkeitsbildung durch Entspannungstechniken.

Das Buch
Ohne Bewußtsein könnten wir nichts von unserem Dasein als Mensch wissen. Transzendentale Meditation führt den Menschen wieder in die Bereiche des Seelisch-Geistigen zurück und erschließt ihm sein inneres Reich und ein Bewußtsein, in dem Liebe, Glück und Würde ihren angestammten Platz einnehmen können.

Der Autor
Bernhard Müller-Elmau leitet Schloß Elmau am Wetterstein, das sein Vater als Stätte geistiger Erholung geschaffen hat. Er beschäftigt sich seit vielen Jahren mit Transzendentaler Meditation. Während eines Studienaufenthaltes in Indien traf er Maharishi Mahesh Yogi, der dies erste deutsche Buch über Transzendentaler Meditation gut geheißen hat.

Das Buch
Die Lehre von den Chakren – eine indische Lehre – handelt von den menschlichen Kraftzentren, den Zentren, in denen der Mensch die Schwingungen seiner Lebensenergie oder Lebenskraft aus dem Kosmos, aus der unmerklichen Quelle seines Seins aufnimmt. Dieses Buch soll dem Leser helfen, bewußter zu leben, sein Denken und Fühlen im Hier und Jetzt zu zentrieren, sich zu entspannen, Zuversicht, Vertrauen, Frieden und Liebe zu finden.

Die Autorin
Marie-Luise Stangl ist Entspannungspädagogin. Sie leitet seit vielen Jahren, zusammen mit ihrem Mann Dr. Anton Stangl, Seminare zur Selbsterfahrung und Selbstverwirklichung durch Eutonie und Zen.

Das Buch
Durch vertiefte Entspannung im Schlaf schlank werden, dies ist eine neue Methode, die all jenen zu empfehlen ist, die ohne Mühe schlank werden und endlich wieder ihr Normalgewicht erreichen wollen. Im Zustand tiefster Entspannung suggeriert der Mensch seinem Unterbewußtsein ein verändertes Ernährungsprinzip und kann so bei Bewußtsein mühelos den neuen Weg einhalten. Eine wissenschaftliche und praxiserprobte Methode, die in psychosomatischen Kliniken angewandt wird.

Der Autor
Dr. Alfred Bierach, Psychotherapeut und Naturheilkundler, ist in eigener Praxis am Bodensee tätig. Mit der SIS-Methode hat er vielen Patienten geholfen, schlank zu werden.

Erste Hilfe für Kinder.	*Mehr Spaß am Lernen – Mehr Zeit zum Spielen.*	*Die Ängste unserer Kinder.*	*Damit der Kindergeburtstag wirklich gelingt.*

Diagram Soforthilfe für mein Kind	**Günther Beyer** So lernen Schüler leichter Gedächtnis- und Konzentrationstraining	**Gisela Eberlein** Ängste gesunder Kinder Praktische Hilfe bei Lernstörungen	**Isolde Kiskalt** Wir feiern eine Kinderparty
Bei Unfällen und Krankheiten **ECON Ratgeber**	**ECON Ratgeber**	**ECON Ratgeber**	Spiele, Rezepte, Zaubereien für 4- bis 10jährige **ECON Ratgeber**

Diagram
Soforthilfe für mein Kind
Bei Unfällen und Krankheiten
128 Seiten
200 Zeichnungen
7,80 DM
ISBN 3-612-20115-8
ETB 20115

Beyer, Günther
So lernen Schüler leichter
– Gedächtnis- und Konzentrations-training –
128 Seiten, 92 Zeichnungen, 49 Übungen
6,80 DM
ISBN 3-612-20001-1
ETB 20001

Eberlein, Gisela
Ängste gesunder Kinder
– Praktische Hilfe bei Lernstörungen –
158 Seiten
7,80 DM
ISBN 3-612-20010-0
ETB 20010

Kiskalt, Isolde
Wir feiern eine Kinderparty
Spiele, Rezepte, Zaubereien für
4- bis 10jährige
Originalausgabe
128 Seiten
86 Zeichnungen
7,80 DM
ISBN 3-612-20102-6
ETB 20102

Das Buch
Wie wäscht man eine Wunde aus? Wie behandelt man Verbrennungen? Wie wird ein Finger verbunden? Was macht man bei Knochenbrüchen? Wie entfernt man einen Splitter? Was gehört in den Erste-Hilfe-Schrank? Was macht man bei Hautinfektionen?
Auf diese und viele andere Fragen gibt das Buch klare Antworten, erklärt durch über 200 Zeichnungen. Es sagt den Eltern, wie sie sich bei Kinderkrankheiten und anderen kindlichen Problemen verhalten sollen, bei Blinddarmreizung und Ohrinfektionen, bei Schock und in vielen anderen Fällen.
Dieses Buch wurde in Zusammenarbeit mit dem Deutschen Roten Kreuz erstellt und ist Begleitbuch in einer ZDF-Fernsehreihe.

Das Buch
Mangelhafte Konzentrationsfähigkeit und schlechtes Gedächtnis sind oft die Ursachen für ungenügende Leistungen in der Schule. Dieses Buch schafft Abhilfe: Kinder zwischen 8 und 15 Jahren erfahren, wie sie mit einfachen Lerntechniken ihr Gedächtnis schulen und ihre Konzentrationsfähigkeit erhöhen können, um besser zu werden, Spaß am schnellen Lernen zu finden und damit mehr Zeit zum Spielen zu haben.
Übungen und Kontrolltests helfen, Können und Leistungen zu steigern.

Der Autor
Günther Beyer ist Gründer des Eltern-Schüler-Förderkreises Nordrhein-Westfalen. Er leitet ein eigenes Institut für Creatives Lernen.
Im ECON-Verlag erschienen seine Ratgeber „Creatives Lernen", „Gedächtnis- und Konzentrationstraining" und „Superwissen durch Alpha-Training".

Das Buch
Jedes Kind kämpft mit unbewußten Ängsten, die es in irgendeiner Form hindern, zwanglos fröhlich, aktiv und spontan zu sein. Nervosität, Schlafstörungen, Kontaktschwierigkeiten, ja sogar Asthma, Stottern, Bettnässen sind Folgen dieser Ängste, die durch gezielt angewendete psychologische und pädagogische Entspannungsübungen behoben werden können. Wie, das zeigt dieses Buch.

Die Autorin
Dr. med. Gisela Eberlein lehrt in eigener Praxis, in Seminaren und Arbeitsgemeinschaften autogenes Training. Besonders bei Kindern erzielte sie über psychologisch und pädagogisch fundierte Entspannungsmethoden große Erfolge.

Das Buch
Wichtig für eine Kinderparty ist die richtige Vorbereitung. Essen und Trinken, Spiele und Gewinne müssen geplant werden. Dazu findet man in diesem Buch zahlreiche Anregungen und Vorschläge.

Aus dem Inhalt
Vorbereitungen zur Party · Rezepte für Kindergetänke, Gebäck und kleines kaltes Büfett · Bekannte und weniger bekannte Spiele (mit Altersangabe) · Kleine Zaubereien für die Erwachsenen · Zum Ausklang des Festes: eine Tombola.

Die Autorin
Isolde Kiskalt ist Schriftstellerin und bringt hier ihre Erfahrungen, die sie bei Festen für ihre Tochter gewonnen hat.

Starkes Selbst-vertrauen für eine erfolgreiche Bewerbung.	*Was meint der Arbeitgeber wirklich?*	*Der Selb-ständige ist sein eigener Herr.*	*Partner gewinnen. Partner überzeugen.*

Heiner Kurt Wülfrath
Sich erfolgreich bewerben und vorstellen

Ein praktischer Ratgeber für Stellensuchende

ECON Praxis

Manfred Lucas
Arbeitszeugnisse richtig deuten

ECON Praxis

Edgar Forster
Sich selbständig machen – gewußt wie

ECON Praxis

Harry Holzheu
Gesprächspartner bewußt für sich gewinnen

Psychologie und Technik des partnerorientierten Verhaltens

ECON Praxis

Wülfrath, Heiner Kurt
Sich erfolgreich bewerben und vorstellen
– Ein praktischer Ratgeber für Stellen-suchende –
Originalausgabe, 90 S.
5,80 DM
ISBN 3-612-21004-1
ETB 21004

Lucas, Manfred
Arbeitszeugnisse richtig deuten
Originalausgabe
128 Seiten
8,80 DM
ISBN 3-612-21016-5
ETB 21016

Forster, Edgar A.
Sich selbständig machen – gewußt wie
Originalausgabe
192 Seiten
9,80 DM
ISBN 3-612-21001-7
ETB 21001

Holzheu, Harry
Gesprächspartner be-wußt für sich gewinnen.
– Psychologie und Technik des partner-orientierten Verhaltens
Originalausgabe
192 Seiten
8,80 DM
ISBN 3-612-21003-3
ETB 21003

Das Buch

Mit steigender Zahl der Arbeitslosen wird auch die Konkurrenz unter den Stellensu-chenden größer. Die Chancen des einzel-nen nehmen mit der effizienten schriftli-chen und mündlichen Form einer Bewer-bung zu. In systemati-scher Abfolge erfährt der Leser, wo er die meisten Stellenanzei-gen findet, wie er Anzeigen analysiert, wel-che Bewerbungsfor-men es gibt, welche am vorteilhaftesten sind, welches Bewer-bungsmaterial er be-nötigt, wie er die schriftliche Bewer-bung aufbaut und for-muliert, wie man sich auf ein Vorstellungs-gespräch vorbereitet, wie man Gehaltsver-handlungen führt und was man beim Ver-tragsabschluß be-rücksichtigen muß.

Der Autor

Heiner K. Wülfrath ist Exportleiter. Er hat sich viele Jahre inten-siv mit der Auswer-tung von Bewerbun-gen und der Personal-auswahl beschäftigt.

Das Buch

Man erhält ein Zeug-nis, aber was bedeu-ten eigentlich die ver-schiedenen Formulie-rungen? Was heißt „Zu unserer vollsten Zufriedenheit" oder „Der Mitarbeiter hat sich um den Betrieb verdient gemacht"? Dieses Buch gibt auf alle Fragen ausführli-che Antwort.

Aus dem Inhalt

Rechtliche Grundla-gen · Bedeutung des Zeugnisses · Haftung des Arbeitgebers · Zeugnisse bei der Vor-stellung · Zeugnisse während des Arbeits-verhältnisses · Zeug-nisse bei Beendigung des Arbeitsverhältnis-ses · Einfaches Zeug-nis · Qualifiziertes Zeugnis · Ersatzzeug-nis.

Der Autor

Manfred Lucas ist Dozent in der Erwach-senenbildung mit Schwerpunkt Bewer-bung.

Das Buch

Das Risiko, seinen Ar-beitsplatz zu verlie-ren, nimmt in Zeiten wirtschaftlicher Spar-maßnahmen ständig zu. Der Trend zum selbständigen Arbei-ten, zur eigenständi-gen Tragen aller be-ruflichen Verantwor-tung, zur Unabhängig-keit, ist verbreitet. Von der Idee und den Vor-aussetzungen über die Konzeption, mit und ohne Hilfe von Un-ternehmensberatun-gen, über Finanzie-rungsmöglichkeiten, rechtliche, steuer-liche und versi-cherungstechnische Richtlinien bis hin zu Pressearbeit, Wer-bung, Absatz und Ver-trieb werden alle we-sentlichen Fragen be-antwortet. Praktische Beispiele veranschau-lichen den Text.

Der Herausgeber

Dr. Edgar A. Forster ist Volkswirt und arbeitet als Unternehmensbe-rater und Repräsen-tant des Bundesver-bandes für Selbstän-dige in München.

Das Buch

Momentane Verhand-lungsergebnisse wer-den hinterher wieder in Frage gestellt, Ver-einbarungen ange-zweifelt, Zugeständ-nisse rückgängig ge-macht. Partnerorien-tiertes Verhalten – ei-ne neue Methode der Gesprächsführung – soll langfristig Erfolge bringen und eine dau-erhafte Partnerschaft mit den Verhandlungs-partnern sichern. Der Autor zeigt, wie man seinen eigenen Stand-punkt verteidigt, ohne den Partner zu verlet-zen, wie man Partner gewinnt, wie man Part-ner überzeugt, ohne daß sie ihr Selbstwert-gefühl verlieren, wie Ich-Aussagen als Aus-druck der eigenen Meinung ohne Vor-würfe und Anklagen formuliert und wie Du-Aussagen im Sinne des aktiven Zuhörens umgesetzt werden.

Der Autor

Harry Holzheu ist Psy-chologe und Ver-kaufstrainer. Er war 17 Jahre in Großkonzer-nen tätig und ist heute anerkannter Spitzen-trainer.